法學叢書

香港基本法

王泰銓 著

合作：曾建元 謝英吉 范俊松
助理　劉恆妏 張英磊 鍾啓賓

三民書局

國立中央圖書館出版品預行編目資料

香港基本法／王泰銓著.--初版.--臺
北市：三民，民84
面：　　　分公.--(法學叢書)
ISBN 957-14-2248-7 (平裝)

1.法律─中國大陸

581.28　　　　　　　　　84002050

© 香港基本法

著作人　王泰銓
發行人　劉振強
著作財產權人　三民書局股份有限公司
發行所　三民書局股份有限公司
　　　地址／臺北市復興北路三八六號
　　　郵撥／○○○九九九八─五號
印刷所　三民書局股份有限公司
門市部　復北店／臺北市復興北路三八六號
　　　重南店／臺北市重慶南路一段六十一號
初版　中華民國八十四年四月
編號　S 58440
基本定價　伍元
行政院新聞局登記證局版臺業字第○二○○號

有著作權·不准侵害

ISBN 957-14-2248-7 (平裝)

自　序

　　本書作者在一九九三年獲得香港中文大學和台灣大學學術交流發展
計劃之資助前赴香港中文大學研究、蒐集有關香港基本法之文件、資料，
隨後在一九九四年獲得行政院國家科學委員會補助，在台大法學院一方
面講授香港基本法，一方面教導隨課研究生曾建元（博士班）、謝英吉、
范俊松、劉恒妏、張英磊、鐘啓賓深入研究，整理資料，參與撰寫報告。
經過兩年教學期間，師生共同不斷研究、整修，適值三民書局邀稿，乃
立契成書，提供產、官、學各界透過香港特別行政區基本法的認識，瞭
解中共「一國兩制」的基礎與問題。本書並同列國立臺灣大學法學叢書
六十九（中國社會主義法律研究二）。

　　　　　　　　　　　　王泰銓　謹識
　　　　　　　　　　　　八十四、二、十五
　　　　　　　　　　　　於國立台灣大學法律學研究所研究室

目　錄

第一章　香港法律地位之演變

第一節　英國統治期間的香港殖民地 ………………………1

第二節　中國(共)恢復行使主權後的香港特別行政區 ………10

第三節　香港特別行政區基本法與中華人民共和國憲法之關係　16

第二章　香港特別行政區之法律定位

第一節　單一制國家結構形式下一國兩制之特徵 ……………25

第二節　一國兩制在香港法制上的實踐 ………………………29

　第一項　香港特別行政區係依據中共憲法建立的地方性區域　29

　第二項　香港特別行政區係享有高度自治權之地方行政區域　30

　第三項　香港特別行政區係直轄於中央人民政府的地方行政

　　　　　區域 …………………………………………………32

第三章　香港特別行政區政治體制之建立

第一節　香港殖民體制之特質 …………………………………37

　第一項　它是一個殖民地憲法 ………………………………38

　第二項　它體現—「首長至上政府」(Gubernatorial govern-

　　　　　ment)，亦即政府作為的最終責任乃繫於總督一人　39

　第三項　它使立法機關僅享有有限的立法權能 ……………40

第二節　香港的非殖民地化 ……………………………………42

　第一項　關於解決行政與立法兩局角色混淆不清之問題 ……46

第二項　關於 1995 年選舉方案之建議 ·······················47

第三節　香港特別行政區政治體制的建立 ···················48

第四章　香港特別行政區行政管理權與行政體制

第一節　政制設計之指導原則 ·····························55

第二節　行政管理權之內容 ·······························57

第三節　行政管理體制 ···································62

　第一項　行政長官 ·····································62

　第二項　行政會議 ·····································66

　第三項　行政機關 ·····································66

　第四項　公務員制度 ···································68

第四節　行政與立法之制衡關係 ·························69

　第一項　行政長官之解散權 ···························69

　第二項　立法會制衡行政長官之權力 ···················70

第五章　香港特別行政區立法權與立法體制

第一節　立法權的內容 ···································73

　第一項　中央政府在香港特別行政區享有的立法權 ··········74

　第二項　香港特別行政區所享有的立法權 ················75

　第三項　中央政府對香港特別行政區立法權之監督 ··········76

第二節　立法體制 ·······································78

　第一項　立法會的定位 ·································78

　第二項　立法會的職權 ·································80

　第三項　立法會的組成 ·································84

第六章　香港特別行政區司法權與司法體制

第一節　司法權的內容 ···································88

　　第一項　中央與香港特別行政區審判權限的劃分 ………………90

　　第二項　中央與香港特別行政區對基本法解釋權限的劃分 …92

　　第三項　香港特別行政區法律之適用 ……………………………95

　第二節　司法體制 ……………………………………………………107

　　第一項　法院之組織 ……………………………………………108

　　第二項　法官之選任 ……………………………………………108

　　第三項　律師制度 ………………………………………………110

第七章　香港特別行政區對外事務權與國際法有關問題

　第一節　香港特別行政區在國際法上之地位 …………………113

　　第一項　香港國際法律地位的現狀 ……………………………113

　　第二項　香港特別行政區國際法律地位的確認 ……………118

　第二節　香港特別行政區享有的對外事務權限 ………………120

第八章　基本法對台灣與香港法律關係的衝擊

　第一節　台港關係之定位 …………………………………………129

　第二節　港澳關係條例的立法 …………………………………133

　第三節　港澳關係條例草案的特質 ……………………………134

　第四節　後語 ………………………………………………………140

附錄 …………………………………………………………………143

一、中華人民共和國政府和大不列顛及北愛爾蘭聯合王國政府關於香港
　　問題的聯合聲明

二、中華人民共和國第六屆全國人民代表大會第三次會議關於成立中華
　　人民共和國香港特別行政區基本法起草委員會的決定。

三、中華人民共和國香港特別行政區基本法

四、港澳關係條例草案

第一章　香港法律地位之演變

第一節　英國統治期間的香港殖民地

　　香港位於中國廣東省東南海岸，珠江河口之東，包括香港島、九龍（昂船州與九龍城寨）、新界（及周圍島嶼）等三個部分，原屬中國廣東省新安縣（後改寶安縣，現爲深圳市）管轄，1840－1842年中英鴉片戰爭後，逐步爲英國所佔領，成爲英國的殖民地。民國以後，中國政府對於香港地位的問題，始終持著不願承認英國對香港擁有主權的態度。近年由於英國租借新界所依據之〈展拓香港界址專條〉即將於1997年7月1日到期，新界土地的使用因涉及英國土地法律的規定而必須解決(**註一**)。因受新界租期之限制，香港英國政府所同意之批地年限日短，以致需要長期收益之土地投資日益裹足不前，影響香港經濟發展甚鉅。在此一壓力下，英國政府乃向中華人民共和國政府提出解決批地契約的問題，中共方面表示此一問題應與香港主權問題一併解決，中（共）英雙方乃自1982年起展開有關解決香港前途問題之談判，中（共）方在「收回主權、

註一　依照英國法律規定，英國土地之所有權乃屬於英國皇室所有，土地占有人僅能依照不同的土地保有條件（tenures）對土地享有地產權（estate）。地產權的類別約可分爲兩類，一爲自由地產權（freehold estate），一爲租借地產權（leasehold estate）。前者指無條件繼承地產權（fee simple），實際上已相當於所有權。新界爲英國租借地，因此英國對新界土地沒有所有權，凡居民須使用土地而政府提出申請者，英國政府一律授以租借地產權。參見蕭蔚云主編，一國兩制與香港基本法律制度，北京：北京大學出版社，1990 年 5 月，頁79。

保持繁榮」的立場下，以1982年修憲時所正式明定之「一個國家，兩種制度」精神作爲主要談判基礎，用以安排香港回歸中國（共）後的政治經濟地位。中（共）英針對香港問題於1984年於北京簽訂〈中華人民共和國政府和大不列顛及北愛爾蘭聯合王國政府關於香港問題的聯合聲明〉，確定中國（共）將於1997年7月1日回復對香港行使主權，中共並依其憲法第31條規定，於香港設置特別行政區，1990年4月4日中共第7屆全國人民代表大會（以下簡稱「全國人大」）通過〈中華人民共和國香港特別行政區基本法〉，以作爲未來中共統治香港的根本大法。

中（共）英雙方進行香港問題談判之時，其間最大的分歧在於雙方對於香港法律地位的看法，英國認爲其合法統治香港的依據爲中（共）英有關香港地位的三項條約：〈南京條約〉、〈北京條約〉、〈展拓香港界址專條〉，中共則主張該三項條約係不平等條約，本即無效，中國（共）之所以無法在香港有效行使主權，僅僅是由於英國佔領的緣故，後因英方擱置了對於主權問題的爭執（**註二**），談判方得以繼續展開。

英國主張合法統治香港所依據的三項條約，皆爲於鴉片戰爭後與中國清政府所簽訂者。從19世紀開始，英國以鴉片打開對華通商大門，爲了確保對華貿易上的利益，英國即不斷要求中國清政府割讓海島以作爲貿易據點，中國清政府於1839年正式禁煙，英國除要求中國停止收繳鴉片，更反而要求與中國簽訂通商條約或割讓海島，中國表示拒絕後，英國乃於1840年發動第一次鴉片戰爭。戰爭一爆發，中國軍事失利，1841年中方代表琦善與英方代表義律談和，私下簽署〈穿鼻草約〉，同意割讓香港，該約規定，「香港之島及其港口割讓於英國，大清帝國對香港商業

註二　英國首相柴契爾夫人於1983年3月致函中國總理趙紫陽，表示：「只要英國政府和中國政府之間，能夠就香港的行使管理安排達成協議，而這些安排能夠保證香港今後的繁榮與穩定，又能既爲中國政府又爲英國議會和香港人民所接受，我就準備向議會建議，使整個香港的主權回歸中國。」參見王叔文主編，香港特別行政區基本法導論，北京：中共中央黨校出版社，1990年10月，頁6。

得按黃埔貿易之例，徵收一切稅鈔。」儘管中英雙方皆不滿意於該草約的內容，但英國則仍舊強行佔領香港。1842年，英軍北上南京，迫中國清政府與之簽訂中國第一個不平等條約〈南京條約〉（即〈中英江寧條約十三款〉）。該約第3款就香港問題重新規定：「今大清皇帝批准將香港島給予英國君主暨嗣後世襲主位者長遠掌管。任便立法治理。」該條文取消了原定明於〈穿鼻草約〉的「大清帝國對香港商業得按黃埔貿易之例，徵收一切稅鈔」的規定，由於徵稅權的取消，象徵中國清政府喪失了對香港島的一切主權。

　　英國占領香港島後，則進一步覬覦九龍半島。簽訂〈南京條約〉的同時，英國已在南九龍的尖沙咀駐軍，1856至1858年以及1858至1860年間中英之間因亞羅船事件再度爆發第二次鴉片戰爭。1860年，英國以「尋找住宿營地」爲藉口，迫使清兩廣總督勞崇光與英國駐廣州領事巴夏禮（Harry S. Parkes）簽訂了租借尖沙咀的協議，將北至界限街以南的九龍尖沙咀、旺角地區連同昂船州的土地永久租借予英國。然英國政府對於租借九龍半島並不滿意，同年與法國合組聯軍攻入北京，脅迫中國與之簽訂〈北京條約〉（即〈中英續增條約九款〉）。該約第6款中規定：「前據本年2月28日，大清兩廣總督勞崇光將粵東九龍司地方一區交與大英駐紮，粵省暫充英法總局，正使功賜三等寶星巴夏禮，代國立批永租在案。茲大清大皇帝定即將該界付與大英大君主並歷代後嗣，並歸英屬香港界內。」九龍司地區乃繼香港島之後以割讓的形式由英國占有。

　　1898年，英國利用中日甲午戰爭調停之功，藉口維護在華國際勢力均勢，向清政府施壓簽訂〈展拓香港界址專條〉，強行租借九龍半島界限街以北深圳河以南及鄰近所有島嶼(此即新界地區)。該專條規定，九龍半島之「所有現在九龍城內駐紮之中國官員，仍可在城內各司其事」，「議定仍留附近九龍城原碼頭一區，以便中國兵商各船渡艇任便往來停泊，且使城內官民任便行走」，「其餘新租之地，歸英國管轄」，其租借則「以99年爲限期」，到1997年6月30日終止，亦即須於1997年7月1日歸還中國。

由上可知，香港地區除新界之外，皆爲英國以割讓形式占有者，但因百年來三個地區的發展已融爲一體，因此英國無法單獨就新界租地與中國談判，〈展拓香港界址專條〉遂成爲逼使英國與中共談判香港主權歸屬的主要關鍵。

英國對於國際條約的國內法效力採取的是二元論的立場，換言之，國際條約在國內並不能即時實施，而是需要通過國內的特別立法，此即國際條約的接受轉化成爲內國法律的程序。依照英國法律，國際條約必須再經本國議會訂立同樣內容的法律方得約束本國，因此中英之間三項條約乃是經由此一程序，使英國對香港的統治直接歸因於英國國內法，亦即以女皇會同樞密院會議通過的憲制性文件作爲香港法律的法源。職是之故，1842年英國雖簽署了〈中英南京條約〉，但要到1843年4月5日女皇會同樞密院以英皇制誥的形式發布〈香港憲章〉（Hong Kong Charter）（又名〈第一憲章〉），規定香港爲英國殖民地後(註三)，方才算是完成割讓香港手續，而由英國當局依照本國之〈殖民地條例〉實施統治。〈香港憲章〉則成爲香港的第一部憲制性文件 **(註四)**。九龍司地區與新界地區則係分別經由1861年2月4日與1898年10月20日的〈九龍敕令〉**(註五)** 與〈新界敕令〉**(註六)** 宣布併入香港殖民地而適用於〈殖民地規例〉

註三　相關條文爲：「我們認爲應當並決定置我們的香港島及其屬土爲一殖民地。」

註四　〈香港憲章〉發布後次日，即同年4月6日，英國戰爭及殖民地大臣斯坦利訓令護理港督砵甸乍（Sir Henry Pottinger Batt，一譯璞鼎查）依照〈香港憲章〉組織香港政府，並授以香港總督制訂香港法律的權力，〈香港憲章〉和〈致砵甸乍訓令〉於1843年6月26日中英兩國交換〈南京條約〉批准書後生效。由於〈致砵甸乍訓令〉並非由英皇發布，故未收入〈香港法律典〉。史深良，香港政制縱橫談，廣州：廣東人民出版社，1991年5月，頁212。如果說憲法的實質意義在於對於一個終止舊有政府繼續統治的地區重新創設一新的政府體制，則吾人可視〈香港憲章〉與〈致砵甸乍訓令〉爲香港的第一部憲法。N. J. Miners, The Government and Politics of Hong Kong, Oxford: Oxford University Press, 1981, p.63。

註五　相關條文爲：「鑒於女皇陛下同中國大清皇帝1860年10月24日簽訂的〈北京條約〉，把九龍地區割讓與女皇陛下，作爲殖民地香港的屬土」，「九龍地區爲女

者。然而〈新界敕令〉的內容與〈展拓香港界址專條〉是有所出入的。
該一敕令並不包括限制英政府在新界地區的權力，但這一點卻是〈專條〉
的一部分（註七），因為〈專條〉規定，除作政府辦公樓宇、防禦工事或
類似的官方用途外，英政府不得徵用新界土地，而因上述目的需徵用的
土地，也當以合理的價格購買，但是該敕令卻絲毫不提此事，換言之，
〈新界敕令〉隱含著英國在新界地區的完整統治權。儘管如此，該一敕
令第4條仍維持了原先保留於〈專條〉中的中國對於九龍半島上九龍城的
法治權（註八）。1899年5月6日英國政府藉口中國官員暗遣官兵幫助同年
4月15日起發生的三日抗英暴動，將中國官員驅逐，使中國實際上喪失了
對於九龍城寨的管轄權（註九），英國乃在1899年12月27日發布〈城寨敕
令〉（註十），宣布取消1898年10月20日敕令第4條，將九龍城寨完全併入
香港殖民地。基於以上事實，我們可以說，英國對於新界地區的土地處
分權力以及對於九龍城寨的管轄，皆非來自中英間條約的規定，而是英

皇陛下殖民地香港的重要組成部分，正如它實際上已成為所述殖民地的一部
分一樣。」

註六　相關條文為：「鑒於女皇陛下同中國皇帝於1898年6月9日達成條約，鄰近殖民
　　　地香港之英國領土，將依據上述條約以租借給女皇的形式展拓」，「上述條約
　　　規定的邊界範圍內的土地，是女皇陛下殖民地香港的重要組成部分，正如它
　　　實際上已成為所述殖民地的一部分一樣。」

註七　董立坤，香港法的理論與實踐，北京：法律出版社，1990年4月，頁7。案，
　　　〈北京條約〉簽訂於1860年，簽訂於1898年者應為〈展拓香港界址專條〉，原
　　　書似有誤。

註八　第4條規定：「駐紮在九龍城之中國官員不受本敕令限制，仍可在城內各司其
　　　事，惟不得與保衛香港之武備有所妨礙。」與〈專條〉之規定大致相同。

註九　參見丘宏達，香港法律地位之研究——兼論中共對香港問題的態度，收錄於
　　　氏著，關於中國領土的國際法問題論集，台北：台灣商務印書館，民國64年
　　　4月，頁137。

註十　相關條文為：「鑒於九龍城的中國官員行使職權，構成與保衛香港之武備有所
　　　妨礙」，「女皇會同樞密院1898年10月20日敕令第4條作廢。」

國片面違約自作主張的結果。

全面性規定英國與香港政制關係的法律文件爲1917年4月20日修正頒布的憲制性文件〈英皇制誥〉（Letters Patent）與〈皇室訓令〉（諭旨）（Royal Instructions）（**註十一**）。就形式上而言，該兩份憲制性文件僅係英皇頒發給香港總督的敕令，而非經國會通過具有嚴格意義的法律，但這些形式都是表面的，因其修改乃是由英國政府中主持香港事務的大臣策劃經首相同意送國會通過者。〈英皇制誥〉強調英國對香港至高無上之主權，規定英皇爲香港的最高統治者，總督作爲英皇的代表行使對香港的統治權，英國有權通過在香港施行的法律，或通過樞密院的敕令，爲香港立法。英國議會爲香港制定之法律之效力高於香港自訂之法律，英國有權否決香港自訂之法律。若單就立法形式而言，作爲英國統治香港之國內法依據，竟以敕令的形式行之，不啻表明了香港的殖民地性質，而就實質觀之，作爲香港各種法制之基本大法，竟非由香港人民參與制定者，亦在在顯示了在英國統治下香港人民主權之不存。

英國對於香港的主權主張基礎是中英間的三項條約，但是辛亥革命後的歷屆中國政府，皆主張該三項條約連同清政府與外國簽訂之有損及中國主權的條約皆爲不平等條約，中(共)英香港談判時，中(共)方所持者即此一一貫立場。因此，中英條約的有效性，乃成爲香港主權歸屬的重要關鍵。

從該三項條約的發生原因以觀，皆爲英國對中國所發動的侵略戰爭，國際法鼻祖格老秀斯（Hugo Grotius）即歸結戰爭的正當理由爲自衛、恢復自己的財產和懲罰三種（**註十二**），英國的對華戰爭無一具有傳統國際

註十一 英皇制誥是由樞密院會議通過，載有英皇針對特定目的對特定對象之公開指示，並於加蓋國璽頒發的一種特許證書，皇室訓令則是由英皇御筆簽署後，並加蓋國璽的英皇敕令，爲英皇制誥的實施細則。英皇於1888年頒發〈英皇制誥〉給香港總督，該文件的第2條則規定了〈皇室訓令〉的頒佈方式。

註十二 格老秀斯（Hugo Grotius），戰爭與和平法，摘選自法學教材編輯部〈西方法律思想史編寫組〉編，西方法律思想史資料選編，北京：北京大學出版

法學所認定的正當理由，在傳統允許以戰爭作爲解決國際爭端合法手段
的時代裡，鴉片戰爭本身即已非具有合法性之正義戰爭，因非法戰爭所
簽訂之和約，如中國之與英國簽訂該三項條約，皆爲城下之盟，並非基
於締約雙方自由同意，而係一方以武力脅迫一方訂立者，這是中國(共)
依現代國際法體現在1969年〈維也納條約法公約〉當中的法理主張不平
等條約無效的主要理由(**註十三**)。但涉及邊界或領土問題的不平等條約效
力，恐怕必須從另一個角度加以理解。傳統國際法乃「允許一國占領他
國土地經時效取得法權」(**註十四**)。換言之，凡涉及邊界之國際協定，傳
統國際法中，通常不問是否爲平等或不平等，皆儘量不加以變更。因爲
縱有包含不平等的成分，由於國際間必須互相依存合作，不宜完全廢除，
而應改以平等互惠的精神來簽訂新約(**註十五**)。質言之，縱使中英有關香
港地位之三項條約爲無效之不平等條約，英國仍可依占領時效之原理合
法取得香港主權，中國並不當然自始保有香港主權。由於中英雙方陷於
國際法理與民族情緒的糾葛之中各執一詞，互不相讓，在日後展開的香
港前途談判中，則由英方在表面上稍作讓步，使雙方得以迴避對此一問
題的爭執(**註十六**)。再者，對於以何種方法決定香港主權歸屬的問題上，
當代國際法則主張對於爭執中的領土，尤其是一般殖民地、屬地、託管
地等等「依賴領土」，應透過自決原則來加以解決 (**註十七**)，若自決的結

　　　　　社，1983年6月，頁147。

註十三　參見趙理海，香港問題的回顧與前瞻，收錄於黃炳坤主編，"一國兩制"法
　　　　　律問題面面觀，香港：三聯書店有限公司，1987年7月，頁24-25。

註十四　參見湯武，中國與國際法(二)，台北：中華文化出版事業委員會，民國46年
　　　　　8月，頁420。

註十五　Lung-Fong Chen, State Succession Relating to Unequal Treaties,
　　　　　Hamden, Connecticut: Archon Books, 1979, p. 234-。間引自蕭欣義，
　　　　　化解宿怨自決前途，收錄於張富美編，台灣問題討論集——台灣現狀與台
　　　　　灣前途，台北：前衛出版社，1988年9月，頁220。

註十六　參見註四。

註十七　Lung-Fong Chen, 同註十七，蕭欣義，同註十七，頁208。

果與歷史上的祖國歸於統一，那也是自決原則的運用，而非收復失土。唯香港屬於典型的小形袋囊殖民地（又可稱爲被包圍的殖民地colonial enclaves），亦即爲原主權國領土包圍的領土，面積小，人口少，缺乏自成一主權國家的條件，因此缺乏了獨立的可能性，其前途的決定乃可排除自決原則的適用，而應採行歸還鄰境原主原則，即可以由殖民國和主權國以保障袋囊殖民地人民福利爲目的，透過和平談判的方式來轉移主權（註十八）。

　　不過中國歷屆政府確實以收回香港爲最高目標，並強烈地主張廢除不平等條約，1928年6月15日，中國國民政府宣言堅決聲明廢除不平等條約的決心。但在中華民國統治中國大陸期間，中華民國至多僅於1943年1月11日與英國簽訂〈取消英國在華治外法權及其他有關特權條約〉時照會英方，聲明中國保留收回九龍之權，當時輿論、學者亦多主張英國租借新界的理由即維持在華國際均勢之理由已不存在，根據情事變更原則，〈展拓香港界址專條〉已失去存續原因，英國應「從速交還九龍租借地於中國」（註十九）。原則上，中華民國並未直接主張中英三項條約爲自始無效，對於租借地與割讓地亦分開認定處理。

　　中華人民共和國早在建國前夕，即於1949年9月24日由中國人民政治協商會議第一屆全體會議通過之〈中國人民政治協商會議共同綱領〉第55條中指出：「對於國民黨政府與外國政府訂立的各種條約和協定，中華人民共和國中央政府應加以審查，按其內容，分別予以承認，或廢除，

註十八　參見蕭欣義，同註十七，頁206-214。李鴻禧教授則就國際法上殖民地人民自決與國內法之主權在民原理主張自決原則應一體適用於香港殖民地人民，參見氏著，中共憲法與一國兩制問題試析——香港一國兩制問題與中共法律觀念，台北：中國比較法學會學報，第10期，民國79年9月25日，頁8-9。唯香港之領土性質是否爲聯合國定義的「殖民地」，在1972年11月8日第27屆聯合國大會通過決議將之自殖民地名單中刪去之後，則有疑義。下詳。

註十九　丘宏達，同註九，頁138-9。

或修改，或重訂。」對於國民黨政府之前之中國政府對外簽訂之條約，理論上若國民黨政府加以繼承，其效力與國民黨政府所訂立者並無二致，故中華人民共和國之意願雖未明白表達，但就中華人民共和國之外交實踐經驗以觀，這條顯然亦對於國民黨之前的條約適用。中共在1963年3月8日〈人民日報〉社論《評美國共產黨聲明》中即明白指出：「我國政府在中華人民共和國成立時就宣佈，對於歷史上遺留下來的歷屆中國政府同外國政府所訂立的條約，要分別按其內容，或者承認，或者廢除，或者修改，或者重訂。」(註二十)。1964年在莫斯科召開的世界青年論壇，通過錫蘭提議，曾將香港與澳門列入〈應依聯合國憲章給以獨立的某些殖民地的決議〉草案中。為因應國際輿論與中共的壓力，英國從70年代開始，將主管香港事務的部門由殖民地部轉移到外交及聯邦事務部，並且迂迴地展開香港的非殖民地化政策。所謂的非殖民地化，是指在英國政府的主導下，逐步在原殖民地建立一個受英國影響、政治文化同英國接近，由親英人士掌權的政府，其於香港的實踐，便是擴大了香港本地人士進入立法局與行政局參與決策的機會(註二一)。自中華人民共和國進入聯合國後，即積極促使聯合國殖民主義特別委員會將香港自殖民地名單中刪除出去，表明中國（共）認為香港係英國之佔領地而非殖民地，不承認英國對於香港之統治具有合法性。1972年6月15日，聯合國非殖民化特別委員會建議聯合國大會通過決議將香港自殖民地名單中刪去。1972年11月8日，第27屆聯合國大會通過決議，批准了該委員會的報告。1972年12月22日，英國聲明「聯合國大會的行動絲毫不影響香港的法律地位」，

註二十　同上註，頁140。

註二一　一般而言，非殖民地化的步驟有四，一為設立代議政府，二為將代議政府轉為責任政府，三則由成立了責任政府的殖民地向自治領過渡，四為自治領的獨立建國，香港的特殊性在於其之非殖民地化並非為了獨立建國作準備。參見史深良，同註六，頁58-62。由於香港本地民主政府的建立有礙於中共的順利接收，故晚近的發展，非殖民化政策已成為英國與中共談判香港問題時的重要籌碼。

「英國不能接受任何與香港爲英國殖民地所不同的觀點」(註二二)。

不論中(共)英雙方對於香港所持之立場如何，在擱置了此一爭議之後，雙方終於1984年12月19日簽訂了〈聯合聲明〉，英國國會隨之依與三項不平等條約同樣的國際法國內立法方式相應制定了〈香港法令〉，該法於1985年4月4日通過，表明了英國以國內法的形式承認了香港主權的回歸中國，預告其將結束對香港之統治。〈香港法令〉的性質與一般英國處理殖民地脫離獨立的〈獨立法令〉(Independence Acts)不同，後者係一方面結束英國對於該殖民地之統治權，一方面則授權賦予新獨立國家有權處理本國之行政與立法事務。但由於接管香港之中國(共)當局係持不承認英國對香港主權的立場，因此，未來中國(共)接管香港後的香港根本大法並不包括英國所制定〈香港法令〉，而直接爲中國(共)所制定之〈基本法〉(註二三)。

第二節　中國(共)恢復行使主權 後的香港特別行政區

中國(共)對於香港法律地位安排的最高原則爲「一國兩制」，1982年9月，中國共產黨中央顧問委員會主任鄧小平在會見來華進行第一階段香港問題談判的英國首相柴契爾夫人時，首度就香港問題提出了此一概念，他說，關於收回香港主權問題，可以採用「一個國家，兩種制度」的辦法解決。據此，中(共)方開始制定對香港的基本方針政策(註二四)。

所謂的一國兩制，即是一個國家中有二種制度：一種是社會主義制度，一種是資本主義制度。具體說，就是「在中華人民共和國內，大陸

註二二　董立坤，同註九，頁14。此一決議是否影響及香港人民合於聯合國1960年〈給予殖民地國家和人民獨立宣言〉中聲言之行使人民自決權的資格，在政治的現實下，似乎僅存理論探討的價值。

註二三　同上註，頁32。

註二四　蕭蔚雲主編，同註二，頁3。蕭氏認爲這是一國兩制概念的最早提出，似有誤，參見註三二。

十億人口實行社會主義制度，香港、台灣實行資本主義制度。」(**註二五**)。
但這兩種制度並不能等量齊觀，平分秋色，實則一國兩制係指在社會主
義國家內，容許少數地區建立特別行政區，在相當長時期內不實行社會
主義的制度與政策，繼續保有原有的資本主義社會經濟制度和生活方式
(**註二六**)，亦即在以社會主義為主體的單一制國家內，為促進社會主義的
更高發展，而策略性地局部保留一時無法過渡的資本主義制度。但如果
我們把它放在整個歷史脈絡裡來看，我們又可進一步地發現，它是中共
統一戰略決策上的一個創新的法律制度。它的對象不是既已在中國(共)
統治下的區域，而是尚未為中共兼併的三個鄰近中國大陸的華人資本主
義世界：澳門、香港和台灣。事實上，它的真正對象是一度宣稱要「以
三民主義統一中國」的台灣，港澳正是在中共的大戰略佈局下因緣際會
地躬逢其盛。

　　「一國兩制」的觀念非一蹴即成，而係經過一段時間慢慢演化而來
的。「一國兩制」觀念的提出早在70年代末期，但一直到80年代中期後，
為了改革開放需要而建構的社會主義初級階段論，才是一國兩制理論真
正成熟的基礎(**註二七**)。1987年12月25日由總書記趙紫陽在中國共產黨第
13屆全國黨代表大會發表的社會主義初級階段論，將中國大陸社會的發
展階段，由過去一向標榜的高級社會主義退回所謂的初級社會主義，此
即承認中國（共）仍為一物質文明不發達的後進社會，因而全力發展生
產力為一切工作的重心，從而容許在生產關係上，在中國（共）已實施
社會主義公有制的基礎上，引進具有資本主義特徵的商品經濟手段，以
使中國（共）能順利跨過資本主義階段，直接由封建社會過渡到社會主

註二五　鄧小平，一個國家兩種制度(節錄)，收錄於沈宗靈主編，法學基礎理論教
　　　　　學參考資料選編，北京：北京大學出版社，1989年1月，頁327。這是1984
　　　　　年6月會見香港工商界訪京團和香港行政局議員鍾士元等人的談話要點。
註二六　許崇德主編，中國憲法，北京：中國人民大學出版社，1989年4月，頁282。
註二七　李念祖、石之瑜合著，規範兩岸關係，臺北：五南圖書出版公司，1991年
　　　　　4月，頁3。

義社會。初級階段論提供中共自我說服何以能在社會主義國家之內存在資本主義制度（手段）的充分論證與信心，也真正解決了一國兩制統一戰略決策法制化的意識形態障礙。由此可見香港之實施一國兩制，並不是單純的政治性決策，「一個穩定繁榮的香港對於祖國的四化建設也有重要的輔助作用。香港是我們與資本主義國家溝通的重要橋樑，利用香港的特殊地位與條件，為我們引進資金、先進技術和經營管理經驗，便於『對內搞活經濟、對外實行開放』的政策順利貫徹執行」(註二八)，此乃無法擺脫中共環繞著經濟開放的思考路徑。

　　一國兩制的設想，大約在1978年底中共黨中央和鄧小平為因應中（共）美建交台美軍事協防關係終止後的新形勢，在制定解決台灣問題決策時便已形成(註二九)，1979年元旦，中共全國人民代表大會常務委員會發表〈告臺灣同胞書〉指出：「世界上普遍承認只有一個中國，承認中華人民共和國政府是中國唯一合法的政府，……我們殷切期望臺灣早日回歸祖國，……在解決統一問題時尊重臺灣現狀和臺灣各界人士的意見，採取合情合理的政策和辦法」。所謂「尊重臺灣現狀和臺灣各界人士的意見」、「採取合情合理的政策和辦法」，於此已包含有「一國兩制」的構想。同月30日，鄧小平在美國國會發表演說時表示：「我們不再用『解放台灣』這個提法了。只要台灣回歸祖國，我們將尊重那裡的現實和現行制度。」同年10月18日，鄧小平接見日本朝日新聞社長渡邊誠毅時，宣稱將比照國民政府允許中共在陝北設立特區的方式在台設立特區(註三十)。這是特別行政區概念的曙光乍現，可說是鄧小平革命經驗的召喚。1980年1月16日，鄧小平在一次黨的內部講話中接櫫八十年代的三大任務為四化、統

註二八　紅旗雜誌評論員，香港長期穩定繁榮的可靠保證，北京：紅旗雜誌，第20期，1984年10月16日，頁22。

註二九　中國社會科學院顧問錢俊瑞透露，引自翁松燃，「一國兩制」芻論──概念、性質、內容、困難和前景，收錄於張富美編，同註十七，頁88。

註三十　郭瑞華，中共「一國兩制」產生的背景分析（下），台北：共黨問題研究，第14卷第9期，頁10。

一和反霸，強調「實現台灣回歸祖國、完成統一大業」。1981年9月30日，中共全國人民代表大會常務委員會委員長葉劍英向新華社記者發表〈實現祖國和平統一方針〉談話（俗稱〈葉九條〉），其重要內容爲：一，建議舉行中國共產黨和中國國民黨兩黨對等談判，實行第三次合作，共同完成祖國統一大業；二，台灣可作爲特別行政區，享有高度的自治權，並可保留軍隊，中央政府不干預台灣地方事務；三，臺灣現行社會經濟制度不變，私人財產、房屋、土地、企業所有權、合法繼承權和外國投資不受侵犯。這是「特別行政區」概念的首度使用。1982年1月鄧小平於會見海外友人時說，九條方針，實際上就是「一個國家，兩種制度」，關於「一國兩制」的概念，才開始正式被使用（**註三一**）。1982年12月，中共爲表誠意，乃將台灣可設立特別行政區的承諾入憲，於全國人大第5屆第5次會議通過的〈中華人民共和國憲法〉（〈八二憲法〉）總綱第31條明文規定：「國家在必要時得設立特別行政區。在特別行政區內實行的制度按照具體情況由全國人民代表大會以法律定之。」中共憲法修改委員會副主任委員彭眞於1982年11月26日於北京第5屆全國人民代表大會第5次會議上所作的〈關於中華人民共和國憲法修改草案的報告〉即不諱言道：「1981年，全國人民代表大會常務委員會委員長葉劍英同志發表談話指出，實現和平統一後，台灣可作爲特別行政區，享有高度的自治權。這種自治權，包括台灣現行社會、經濟制度不變，生活方式不變，同國外的經濟、文化關係不變等等。考慮到這種情況的需要，才有憲法第31條的規定。」（**註三二**）。

在稍早鄧小平對柴契爾夫人的談話宣示與至此一國兩制的正式入

註三一　李家泉，一國兩制與臺灣前途──中國海峽兩岸關係探討，1991年，頁1-。間引自朱武獻，論一國兩制──兼論對海峽兩岸關係之影響，收錄於氏著，公法專題研究㈡，台北自版（輔仁大學法學叢書），1992年11月，頁3。

註三二　彭眞，關於中華人民共和國憲法修改草案的報告，北京：新華月報，1982年12月號，第458期，1983年1月30日，頁27。

憲,使中共代表團於1983年7月12日與英國就香港問題在北京展開第二階段談判之時，全面提出以「一國兩制」解決香港問題之主張，並制定了作爲中（共）英談判基礎的12條關於解決香港問題的基本方針政策：

1.收回香港後，設立香港特別行政區；

2.香港特別行政區直轄於中央人民政府，除外交和國防事務屬於中央人民政府管理外，香港特別行政區實行高度自治；

3.香港特別行政區享有行政管理權、立法權、獨立的司法權和終審權，現行法律基本不變；

4.香港特別行政區由當地人自己管理；

5.香港的社會、經濟制度不變，生活方式不變，居民的權利和自由、私人財產、企業所有權、合法繼承權、外來投資受法律保護；

6.保持自由港和獨立關稅地區的地位；

7.保持國際金融中心地位，外匯、黃金、證券、期貨市場繼續開放，資金進出自由，港幣繼續流通，自由兌換；

8.財政獨立，中央不向香港徵稅；

9.照顧英國在香港的利益；

10.香港特別行政區，可以「中國香港」的名義單獨同各國、各地區及有關國際組織保持和發展經濟、文化關係，並簽訂有關協定；

11.社會治安由香港特別行政區自己維持；

12.制定〈香港特別行政區基本法〉。

我們若粗略比較一國兩制在香港的實踐與先前中共針對台灣問題所作的詮釋，便可以發現中共承諾台灣可保留的軍隊（國防事務管理權）並不見於香港，這說明了香港作爲殖民地的命運，連最後自己武力的屏障也沒有。

第二階段談判一度因雙方對於有關香港三項條約之效力及香港主權之認定有所歧見而陷入膠著狀態，1984年12月19日，在擺開有關條約效力之爭議後，中（共）英兩國政府首長在北京簽署了〈中華人民共和國

政府和大不列顛及北愛爾蘭聯合王國政府關於香港問題的聯合聲明〉以及三個附件：〈中華人民共和國政府對香港的基本方針政策的具體說明〉、〈關於中英聯合聯絡小組〉和〈關於土地契約〉。中共在〈聯合聲明〉第3款第12項中宣布中華人民共和國全國人民代表大會將以〈中華人民共和國特別行政區基本法〉規定〈聯合聲明〉中所宣示之基本方針政策，並在50年內不變。〈基本法〉之起草工作隨即展開。

　　1985年4月10日中共第6屆全國人民代表大會第3次會議通過決定成立中華人民共和國香港特別行政區基本法起草委員會，關於起草委員的組成，該決定則規定：「由包括香港同胞在內的各方面的人士和專家組成。具體名單由全國人民代表大會常務委員會決定並公布。」6月18日，人大常委會公布起草委員名單。該起草委員會由59人組成，其中中國（共）內地委員36人、香港委員23人。香港委員佔有39%，由工業、商業、金融、地產、航運、文教、法律、工會、宗教、傳播各界人士所組成，委員中尚有香港行政、立法兩局議員和香港法院按察司以個人身分參加者；內地委員佔有61%，包括全國人大和國務院及有關部門負責人15人、各界知名人士10人、法律專家11人。香港委員人數雖然較少，但由於表決採三分之二絕對多數決，如果香港委員對於某一問題的立場一致，則以其佔五分之二的人數，仍足以否決佔多數的內地委員意見。然而由於委員並非經由民意選舉產生，而係中共御筆親點，基本上立場必然與中共不致太過對立，再者為了廣納香港民意，基本法起草委員會復委託23名香港委員於同年底12月8日在香港成立基本法諮詢委員會，成員共160名，邀請香港各界代表及少數外籍人士組成，該諮詢委員會僅為一諮詢機構，其代表性是否經得起民意考驗，則無從由選舉中得到檢證。起草委員會與諮詢委員會的委員歷經了三個階段四年的起草案與意見諮詢，在三易其稿修改百餘處後，終於在1990年4月4日由中共第7屆全國人民代表大會第3次會議決定通過〈中華人民共和國香港特別行政區基本法〉，該基本法同時包括〈香港特別行政區行政長官的產生辦法〉、〈香港特別行政區

立法會的產生辦法和表決程序〉和〈在香港特別行政區實施的全國性法律〉三個附件，經國家主席楊尚昆於當日頒布，預定1997年7月1日起實施。屆時，香港主權則將歸諸中華人民共和國，成爲中華人民共和國轄下的第一個特別行政區。

第三節　香港特別行政區基本法與
中華人民共和國憲法之關係

〈基本法〉的法源爲〈八二憲法〉第31條，第31條有關特別行政區的規定是一種憲法委託(Verfassungsauftrag)，即將設立特別行政區的條件（必要時）及立法內容（按照具體情況實行的制度）交由立法者判斷與決定，表面上看來，「必要」與「具體情況」顯然是一種典型的不確定法律概念，〈憲法〉似乎將認定的標準交付給作爲民主集中制國家意志機關的全國人大，使其享有完全的判斷餘地。是否果眞如此，而縱使吾人同意全國人大享有此種憲法委託之判斷權能，吾人亦須進一步追問，憲法的委託有無界限，可否違背憲法本身的精神？

依〈中共憲法〉第62條規定，全國人大有修改憲法、監督憲法的實施及制定和修改各種基本法律的職權，若借用耶凌涅克（G. Jellinek）的立法者主權說來解釋(註三三)，人大要採取修憲或立法的方式來展現其意志，除了程序不同（修憲要有常務委員會或五分之一以上代表提議，並由全體代表以三分之二以上的多數通過，立法則只要經全體代表過半數通過，參照中共〈憲法〉第64條），唯一能夠拘束人大者，可能就是一種「負責的情感」(Verantwortungsgefuhl)；爲了維護整個法律體系的內在邏輯一致性，而不使法律的制定造成「沉默的憲法變更」(stillschweigende Verfassungsanderung)。如果中共憲法理論不承認法律具有位階性的話，則憲法與法律的邏輯上矛盾或法律體系的錯亂秩序，

註三三　參陳新民，論「憲法委託」之理論，收錄於氏著，憲法基本權利之基本理論，上冊，台北：自版，民國79年1月，頁49-52。

便可依後法優於前法的法理加以解決，但若非如此，則將會造成法律的違憲。〈中共憲法〉序言稱：「本憲法以法律的形式確認了中國各族人民奮鬥的結果，規定了國家的根本制度和根本任務，是國家的根本法，具有最高的法律效力。」第5條復規定：「國家維護社會主義法制的統一和尊嚴。一切法律，行政法規和地方性法規都不得同憲法相牴觸。一切國家和武裝力量、各政黨和各社會團體、各企業事業組織都必須遵守憲法和法律。一切違反憲法和法律的行為，必須予以追究。任何組織或者個人都不得有超越憲法和法律的特權。」正表明了中共承認法律位階性的存在，就此以觀，〈基本法〉自然亦不得與〈憲法〉相牴觸，換言之，全國人大對於設立特別行政區必要條件之判斷及制度內容之規劃，亦不得有超越憲法的特權，除非全國人大先行修改憲法，以擴大其判斷之餘地。中共法學家向來認為法律應當結合原則性和靈活性，毛澤東曾說：「原則性要靈活執行。應當是那樣，實際是這樣，中間有個距離。有些法律條文要真正實行，也還得幾年。」（註三四）。張鑫教授評論道：「……對法律靈活性的說明，即法律制定公佈後，並非一定立即嚴格執行，特別是應該根據形勢靈活掌握。」（註三五）。形勢的判斷則繫於黨的政策，「具有相對穩定性的法律，只有根據黨的政策靈活地加以實施，才能發揮它的革命作用，決不能不問時間、地點、客觀形勢，死摳法律條文，機械地實施法律。」（註三六）。但儘管如此，靈活性的運用仍舊是有限度的，「所謂靈活性，就是在原則允許的限度內，根據具體情況，對某些問題採取靈活的規定（實施）。」（註三七）。因此〈憲法〉第31條雖然是一條授權條款，賦與全國人大作具體判斷的權能，但一如中共〈憲法〉序言所說的：「……

註三四　毛澤東，毛澤東選集，第5卷，北京：人民出版社，1977年4月，頁86。

註三五　張鑫，法律觀念在中國大陸，收錄於翁松燃編，中華人民共和國憲法論文集，香港：中文大學出版社，頁20。

註三六　陳守一、張宏生主編，法學基礎理論，北京：北京大學出版社，1981年2月，頁234。

註三七　吳祖謀主編，法學概論，北京：法律出版社，1987年6月，頁46。

一切國家機關和武裝力量、各政黨和各社會團體……，都必須以憲法爲根本的活動準則，並且負有維護憲法尊嚴、保證憲法實施的職責。」換言之，全國人大必須以憲法的基本原則爲基準，依照共產黨對於具體客觀形勢的判斷與政策，來決定特別行政區的設置。我們所能依據的詮釋與批判方法，就是從中共憲法的基本原則出發，檢查中共黨的一國兩制政策在形成全國人大對於設置資本主義體制特別行政區之必要性的判斷上，有無超越憲法基本原則所允許的限度，才能評斷〈基本法〉的合憲性有無疑義。

〈中華人民共和國憲法〉的指導思想爲明示於序言的四項基本原則，即中國共產黨的領導、馬克思列寧主義、毛澤東思想的指引、人民民主專政與社會主義道路的堅持，「憲法的各條只能以四項基本原則爲指導，貫徹這些原則的精神，而不能背離它，不能認爲憲法的條文與序言是無關聯的，條文可以離開序言而單獨存在、任意解釋。」(**註三八**)。四項基本原則構成了整個中共憲法法規階段構造上最基礎的、從而是最上位的規範，在國家階級本質的認定上，中共自認爲已完成了社會主義的改造，當前的國家中心任務依〈憲法〉序言的規定係爲「集中力量進行社會主義現代化」。而如何在四大堅持之下進行社會主義的現代化，中共官方的詮釋則以社會主義初級階段論爲基礎，即要調動資本主義市場經濟的手段加速社會主義初級社會的升級，此一主張被法律化爲〈憲法〉修正案第7條所謂的社會主義市場經濟體制，但這是否即表示國內部份地區的資本主義體制化也是促進社會主義現代化的可得容許的手段之一，至少就香港、澳門而言，中共官方的詮釋觀點是持肯定的態度的，但如此一來，中共官方對於一國兩制在促進社會主義現代化貢獻上的宣揚，恐怕會導致中共社會主義體制地區對於社會主義信心的動搖，而嚮往香港的特殊地位，將有釀成中共社會主義制度正當性危機之虞。另一方面，〈憲法〉

註三八　蕭蔚雲，我國現行憲法的誕生，北京：北京大學出版社，1986年11月，頁32-33。

並未明言同意在某些地區排除四大堅持原則的適用，對於社會主義市場
經濟體制實施的對象並未作排除規定，則理應適用於全國。按，在社會
主義體制中實行其他制度，類似於一國兩制的情況在中共憲政史上亦著
有先例，如〈1954年憲法〉列舉了四種生產資料所有制，即全民所有制、
勞動群衆集體所有制、個體勞動者所有制和資本家所有制，但在少數民
族地區，還存在著原始社會所有制、奴隷主所有制和封建地主所有制（註
三九）。該憲法於序言中昭示：「在社會主義改造的問題上將充分注意民族
發展的特點」，且於其第3條明定：「各民族……都有保持或者改革自己的
風俗習慣的自由」（現行憲法第4條）。因此少數民族地區實施民族區域自
治與民族法制皆爲憲法所保障者，這與特別行政區實施資本主義體制未
經憲法明定的情形是不同的。當然，就實踐經驗來看，中共於1959年揮
軍鎮壓西藏，並經第2屆第1次全國人大決定西藏走向社會主義之路（註四
十），民族區域自治的條款如同具文。一國兩制與民族區域自治的性質不
同，後者有憲法的明文保障，一國兩制或資本主義體制「保持或改革」
的文字並不見於〈中共憲法〉，而是中共官方對於港澳台主權問題的政策
宣示。中共〈憲法〉序言只提到「完成統一祖國的大業是包括台灣同胞
在內的全中國人民的神聖職責」，卻未表明放棄在收復的領土上實施社會
主義的意思。職是之故，一國兩制的合憲性頗值得商榷。吾人因而可以
斷言，將四大堅持、社會主義現代化等原則結合人民的統一祖國誠命形
成實施一國兩制之必要性的判斷，是中共對社會主義憲法文本詮釋上的
一種創造。可是一旦中共官方詮釋的典範轉移，則我們不敢預料未來在
社會主義國家內資本主義體制的存在是否會構成中共憲法評價上的「違
憲」。

　　中共學者對於一國兩制或〈基本法〉之憲法法源合憲性的理解，基

註三九　王叔文主編，同註四，頁61。

註四十　朱寶錚編著，西藏抗暴運動的認識與展望，台北：長青出版社，民國48年
　　　　7月5日，頁26。

本上反對〈基本法〉只同〈憲法〉第31條發生關係的看法，他們認為「基本法的許多條文都是依據憲法中不少有關條款來制定的」。然另外一方面卻又認為「憲法中關於社會主義制度和政策的某些條文，不作為制定基本法的依據」（註四一），對於〈憲法〉的那一部份如何與〈基本法〉發生關係，中共學者告訴我們，「這是由〝一國兩制〞所決定的」（註四二）。如前所述，在憲法的內在邏輯結構上作這樣的詮釋是很勉強的，但是黨又以一國兩制作為解決香港問題的基本方針，因此若沒有了第31條的規定，則資本主義體制之特別行政區的設置，將立失憲法上的法源，亦使憲法與現實產生矛盾。然而這不代表第31條便已解決了憲法與現實及其內在邏輯的矛盾，因為在憲法階段構造上，第31條及依照第31條制定的法律是憲法序言的下位規範，它應當在序言中找到相應的原則，否則即是違憲。而中共卻是透過對於序言內容的創造性詮釋去建立一國兩制的原則，這又造成了全國人大是否因過度詮釋而有違其憲法職責之嫌。中共學者主張第31條為〈憲法〉的特別條款，依特別法優位的法理說明其為社會主義制度與四項基本原則的例外規定，不受〈憲法〉其他條款諸如第1條（人民民主專政、社會主義制度）、第2條（人民代表制）、第5條（社會主義法制、憲法最高性）、第6條（社會主義公有制）等等的限制（註四三）。這無疑暴露了中共憲法學的落後，因為特別法優位的法理只適用於同一位階的法律之間，而其所例示的四個條款乃是憲法基本原則的進一步詳細規定。如第5條的憲法最高性即係來自憲法序言的最後一段，作為下位規範的第31條並不能牴觸作為上位規範的序言的精神，這將違背法律位階性的憲法法理，因此特別條款的說法本身是不能成立的，從而一國兩制的法理不能從第31條推論得出，必須在序言中找到依據。唯縱觀〈憲

註四一　雲冠平、鍾業坤主編，中華人民共和國香港特別行政區基本法概論，廣州：暨南大學出版社，1993年，頁85-86。

註四二　同上註，頁86。

註四三　許崇德主編，同註二八，頁282。

法〉序言，我們實在找不出任何足以直接支持「一國兩制」的文字依據，〈基本法〉的法律效力則只有繫於中共黨對於憲法的權威詮釋。無可否認，從彭眞〈關於中華人民共和國憲法修改草案的報告〉中吾人可覘知立憲者制定第31條的原意即在實現一國兩制，且適用對象僅限於港澳台，但〈憲法〉本文整個敍事結構的嚴重缺失，對於一國兩制的欠缺交待，將會使〈基本法〉陷於對於其合憲性之質疑的不確定感當中。

針對第31條文義不清所可能導致的憲法性爭端，翁松燃敎授認爲有兩種解決途徑，一爲根據〈憲法〉第64條修改第31條，加上「不受憲法其他條文之限制」等字樣，另一途徑則是根據第67條第1款，由人大常委會釋憲，聲言：「特別行政區可以實行完全不屬於社會主義的(甚至是反對社會主義的)制度，不受憲法其他條文或者序言的限制)。」(**註四四**)。我們則認爲與其針對第31條作修改或解釋，倒不如斧底抽薪直接修改序言，方可維護憲法的位階性，其次方就第31條的條文作更爲精確的規定，以明確全國人大的原意，使人不致於有存在一有別於港澳台地區的另一地區亦可實施一國兩制的錯覺。

依據〈憲法〉第31條制定的〈香港特別行政區基本法〉，係體現一國兩制構想而深具歷史意義的法律，關於〈基本法〉之性質及其法律位階，中共官方及學界均一致認爲 (**註四五**)：

一、香港基本法不是「小憲法」，而是中華人民共和國之一種特殊「基

註四四　翁松燃，同註三一，頁102。

註四五　王叔文主編，同註四，頁87-90。及王叔文，基本法是體現「一國兩制」方針的全國性法律，上海：*法學研究雙月刊*，1990年第2期，頁1-10；王玉明，香港特別行政區基本法的幾個理論問題(上)，北京：*政法論壇雙月刊＝中國政法大學學報*，1990年第3期，1990年6月，頁1-5、15；袁曙宏，一本具有開拓性的法學專著——評蕭蔚雲主編的「一國兩制與香港基本法律制度」，北京：*中國法學*，1991年第3期，頁117-121；吳建璠，「一國兩制」的法律保證——談中央與香港特別行政區的關係，北京：*中國法學*，1990年第3期，總35期，頁16-17。

本法律」，專屬全國人大立法

〈基本法〉雖爲香港地區排他、根本的最高法律，但其至多爲一「憲法性法律」，而非另一小憲法或與憲法平行之法。其與英國之憲法性法律是憲法的表彰形式，憲法可由一系列憲法性法律和慣例形成的體系不同，效力自低於全國唯一最高之憲法。

二、〈基本法〉不是地方性法規，而是全國性法律

〈基本法〉雖係針對香港特別行政區一地規定，但它卻是根據〈憲法〉授權，由全國人大制定的全國性法律，其解釋權、修廢權均在全國人大，香港特別行政區本身並無權限。而其適用範圍並不限於香港一地。如〈基本法〉第22條規定中央人民政府所屬各部門、各省、各自治區、直轄市不得干預香港自行管理的事務等，其規範對象顯然不限於香港政府及其人民，蓋以中央直接立法的方式制定〈基本法〉，可以要求「社會主義主體」內的各個權力機構不致於侵害到香港的自治權限，可藉以進一步地鞏固一國兩制的精神。

三、〈基本法〉是香港特別行政區之根本大法，香港特別行政區將來制定一切制度和政策均以此爲法律依據。

四、〈基本法〉是香港特別行政區未來的立法基礎和法源依據，在擁有「高度自治」的承諾下，由中央授與有限度的立法權與香港特別行政區，其現行法律制度的維持、修正或由其立法機關另定新法，均須以〈基本法〉爲準，且只得在其授權範圍內爲之，不得逾越。

在這個意義之下，於「一國兩制」原則下運轉的香港特別行政區，實際上地位只是相當於中共一個民族自治區（當然，其權限大過於它）或省之「地方等級」意義的一個「特別行政區」，可見中共重一國而輕兩制，重吸納而不平等尊重兩制的並存。〈基本法〉終究效力低於〈憲法〉，是一部必須在中央人民政府約制下運轉的法律。強調它的「全國性」法律性質，則更凸顯了「香港地方」無權插手「中央」修廢此法之實情。若以「香港」爲主體地位觀之，走了個殖民主子英方，換上來的中共中

央所制定的「香港地區憲法性法律」（或稱「香港的根本大法」），實質上
並無太大差別，而且更面臨了中共憲法內部難以自圓其說以及中共人治
色彩高過法治的隱憂。

第二章　香港特別行政區之法律定位

第一節　單一制國家結構形式下一國兩制之特徵

在國家結構的形式即中央與地方的關係上，各國所採行的制度約可分爲兩類，一爲單一制，一爲複合制。單一制的特色是全國只有一個國家主權、一部憲法與一個中央政府；而單一制國家爲了治理上的方便，往往會將全國劃分爲幾個區域，分別設立地方行政區，由中央政府授權地方政府實施統治。複合制則是兩個或兩個以上的主權國聯合而成的國家結構形式，有聯邦、邦聯、君合國、身合國等形式，各成員國（邦）擁有個別的主權、憲法和中央政府；但爲了合組爲一個複合國家，則讓渡部份主權予一個統合各成員國的議定機構，並由統合的憲法加以確認，因此中央統合機構的權限乃係受讓自各成員國者，而各成員國則選任代表合議中央統合機構之決策。單一制與複合制最大的差別就在於地方政府有沒有自主組織權和參政權（註一）。自主組織權是指各地方行政區能否自訂憲法，自主決定其政權組織的形式和權力範圍。參政權則是指地方政府能否以自己的名義參加國家統治權的行使，兩權只要缺一，我們便可斷定其爲單一制國家。

中華人民共和國的國家結構形式即中央與地方關係，採取的是中央集權的單一制，地方各級人民代表大會及地方各級人民政府的組織由中央的全國人大以法律制定的（〈憲法〉第95條）。地方各級人民代表大會

註一　法學教材編輯部〈憲法學〉編寫組（吳家麟主編），憲法學，北京：群眾出版社，1987年，頁246。

是地方國家權力機關（〈憲法〉第96條），但對於特別行政區的設置卻以有別於一般中央地方關係的一國兩制原則來加以指導。在中央與香港特別行政區之間的關係上，一國兩制的設計與一般的單一制國家結構形式有何異同，是以下所要探討的重點。

〈中共憲法〉並未對於指導特別行政區設置的一國兩制一般原理明文作出規定，乃係以現實的觀點允許兩種制度的同時存在，中共領導人多以具體的描述說明一國兩制的特色，中共前社會科學院政治研究所所長嚴家其則亦曾對一國兩制作了一次抽象的理論界定，他認為「『一國兩制』的涵義是，一個國家根據自己憲法、法律的明文規定，在這個國家的部份地區實行不同於其他地區的政治、經濟和社會制度。但這些地區的政府是這個國家的地方性政府，不能行使國家主權。」他認為此一構想應有四個基本要素：一、它是在不同地區，不是同一地區實行兩種制度；二、它是兩種多方面明顯、重大不同的制度並行，不僅是個別的或不明顯、不重大的區別並存；三、它所容許的實行不同制度的地區，是統一國家的組成部份，沒有對外代表國家全面行使外交、國防、宣戰、媾和等權力；四、它是有國家憲法和法律明文保證的，不只是一時的、不穩定的兩制並存。他又說：「『一國兩制』是對單一制下地方政府傳統權力範圍的一種突破。」（註二）。復旦大學教授王邦佐和王滬寧則對「一國兩制」中的「一國」概念有重要的解釋，他們強調了一國國家主權的不可分性和中華民族的統一性，主張主權的統一，還強調了國家的單一制，國家的主權屬於中央，而實行不同制度的地區則可享有中央授與的高度自治權限（註三）。翁松燃據此指出兩點：一、將嚴氏的定義再予以精確地修改，則一國兩制的涵義可表述為「一個單一制國家根據自己的憲法、

註二　嚴家其，「一國兩制」和中國統一的途徑，北京：政治學研究季刊，1985年第2期，頁1-7。

註三　王邦佐、王滬寧，從「一國兩制」看主權與治權的關係，北京：政治學研究季刊，1985年第2期，頁12-15。

法律的明文規定，容許其一個或多個部份地區實行基本上不同於國家一般的政治、經濟和社會制度。但是這些地區的政府是這個國家的地方性政府，除非依法由中央例外授權，不能行使國家的主權。」；二、對於統一中國的各種模式和建議，只要與單一制的原則和主權在中央的原則相背的，「一國兩制」一概不接受。翁氏指出，「兩制」只能是不平等的，必須有主從的關係和分野（**註四**）。綜上論點，一國兩制仍然是在純粹單一制的架構下運作，雖然中共授以香港高度的自治權，但香港特別行政區的人民仍不能自行選擇政權的組織形式與權力範圍，因此，儘管香港特別行政區享有類似於複合制國家之成員國所享有的權力，如成立單獨關稅區、單獨發行貨幣等，但由於其權力來源皆來自中央的授與，端賴中央以法律形式作出規定，香港與中央的關係，仍應當在單一制國家的思考架構下進行，換言之，在中央集權的單一制國家之內，香港本身並不能享有類似於主張均權主義的我國憲法第10章《中央與地方之權限》中為憲法所保證的固有權限。

　　不過，一國兩制與一般單一制國家不同的是在它的「兩制」。一般單一制國家實行的是統一的社會經濟法制，而在一國兩制下的特別行政區實行的卻是一套有別於社會主義主體的資本主義法制。單一制國家中中央法律的效力絕對高過於一切地方法規，而在一國兩制的中華人民共和國裡，由於兩種制度間無法相容，社會主義的所有國家法律無法直接適用於資本主義的特別行政區，〈基本法〉第18條第2款規定：「全國性法律除列於本法附件三者外，不在香港特別行政區實施。凡列於本法附件三之法律，由香港特別行政區在當地公布或立法實施。」而可列於附件三之法律，同條第3款又規定：「全國人民代表大會常務委員會在徵詢其所屬的香港特別行政區基本法委員會和香港特別行政區政府的意見後，可對

註四　翁松燃，「一國兩制」芻論──概念、性質、內容、困難和前景，收錄於張富
　　　美編，台灣問題討論集──台灣現狀與台灣前途，台北：前衛出版社，1988
　　　年9月，頁94。

列於本法附件三的法律作出增減，任何列入附件三的法律，　限於有關國防、外交和其他按本法規定不屬於香港特別行政區自治範圍的法律。」附件三的全國性法律目前所列者僅是一些具有國家主權統一的象徵意義的法律，而且又非直接適用，必須由香港特別行政區以公布或立法實施的方式使其在香港特別行政區內發生效力，這使得中央與香港特別行政區的關係或香港特別行政區與中國其餘地區的關係，又有類似於複合制國家之處，即在法定範圍外成員國（邦）與中央和其他成員國（邦）間的關係是視彼此爲互相排斥、互相對等的政治實體或法域，彼此間權限爭議與法律衝突問題的處理，均從地位平等的立場尋求公平公正的解決。

　　但是由於一國兩制是憲法詮釋下的產物，又是作爲國家主體的中央以立法的方式進一步予以確認者，在缺乏固有權的保證下，理論上，全國人大可以在認爲有必要之時隨時修改〈基本法〉，這便有可能調整一國兩制目前所見的內容。

　　從這裡我們不難想見台灣朝野面對一國兩制的反應。從中華人民共和國建國以來，台灣便從未受到該國的統治，而始終是獨立於中國大陸之外具有國際人格的主權國家，擁有自己的憲法和民選政府，台灣至今仍自認爲是中國人的國家，在有關統一的各種解決海峽關係的模式，如一國兩府、一國兩區、一國兩國、大中國邦聯或中華聯邦等，均環繞著未來以複合制重新結構中國的思考路向，在單一制基礎上建立的一國兩制，和台灣方面的期待著實落差太大，台灣顯然沒有理由爲了要和中華人民共和國主權合一而放棄現在的地位委身爲一由中華人民共和國全然決定其自治權限的地方政府。其他部分的人主張一中一台或兩個中國，更無一國兩制之理念與設想的空間！

　　初步析理一國兩制的一般原理之後，以下將就香港特別行政區個別而具體地深入探討一國兩制在香港法制上的實踐。

第二節　一國兩制在香港法制上的實踐

〈基本法〉第12條規定：「香港特別行政區是中華人民共和國的一個享有高度自治權的地方行政區域，直轄於中央人民政府。」我們參酌〈基本法〉的其他規定，對於香港特別行政區之法律地位，會有更爲清楚的認識。

第一項　香港特別行政區係依據中共憲法建立的地方性區域

〈基本法〉爲香港特別行政區之基本法律規範，而其法源依據爲〈中華人民共和國憲法〉第31條，第62條還規定全國人民代表大會的職權之一，即爲「決定特別行政區的設立及其制度」。香港本屬廣東省新安縣，割讓英國後又爲英國的殖民地，從來就不是一個政治實體，香港之所以成爲中國省級地方區域，並不是人民自決的結果，而是透過中英間的談判，由中國直接承受原來英國對香港殖民地的主權，因而香港特別行政區之自治地位係源自於中國政府依〈中華人民共和國憲法〉所作的決策 **(註五)**，爲中國考量現實具體狀況所賦與的，與複合制聯邦國中各邦之自治地位係固有之權限者不同。〈基本法〉第1條規定：「香港特別行政區是中華人民共和國不可分離的部份。」顯示香港人民亦無自決退出中國的人民主權。吾人再觀之〈基本法〉的其他規定，如香港特別行政區外交和國防事務的管理(第13、14條)、香港特別行政區行政長官和行政機關主要官員的任命（第4章）、香港特別行政區立法機關制定的法律的違憲審查（法律監督）（第17條）、決定香港特別行政區進入戰爭狀態或緊急狀態（第18條第4款）、〈基本法〉的修改（第159條）和解釋（第158條）

註五　蕭蔚雲主編，一國兩制與香港基本法律制度，北京：北京大學出版社，1990年5月，頁88-89。

等，皆屬中央的權限範圍，此皆體現了香港主權由中央代表行使的原則。

第二項　香港特別行政區係享有高度自治權之地方行政區域

作爲省級的一級地方行政區域，香港特別行政區享有高於中華人民共和國普通地方行政區（省、直轄市）與民族自治區之地方自治權，〈基本法〉第2條規定：「全國人民代表大會授權香港特別行政區依照本法的規定實行高度自治，享有行政管理權、立法權、獨立的司法權和終審權。」此外還享有一定的對外事務職權（第7章）、以及全國人民代表大會和全國人民代表大會常務委員會及中央人民政府授予的其他權力（第20條），高度自治的原則主要體現在幾個方面：

一、在行政管理權方面

以第106條規定之財政獨立權爲例，「香港特別行政區的財政收入全部用於自身需要，不上繳中央人民政府。中央人民政府不在香港特別行政區徵稅。」國家不能在地方行政區域行使徵稅權力，在各國地方自治史上恐怕是絕無僅有的，而在貨幣金融政策方面，香港特別行政區政府亦享有自行制定的權力（第110條），香港特別行政區的法定貨幣非全國流通的人民幣，而是由香港特別行政區政府專屬發行的港元（第111條）。

二、在立法權方面

凡法定自治範圍內的事務，香港立法會都有權制定香港特別行政區之法律，如果香港法律不符合〈基本法〉關於中央管理的事務及中央和香港特別行政區的關係的條款，換言之即超越了法定自治範圍，只有全國人民代表大會常務委員會有權認定違憲無效，中央不同意只得發回，不得爲實質內容之修改，而法律的失效並無溯及力，並非自始無效，而是在全國人民代表大會常務委員會徵詢所屬香港特別行政區基本法委員會的意見後將整部法律發回之時方才失效(第17條)。而全國性的法律若要在香港實施，必須由香港特別行政區在當地公布或立法實施(第18條)。

普通地方行政區域所制定的地方性法規的失效，全國人大常委會固然也是以事後審查的方式予以撤銷（〈憲法〉第67條第3款），但無須徵詢人大中各該地方代表團的意見，而民族自治區自訂的自治條例和單行條例，全國人大常委會則採取事前審查，須經其批准後方才生效（〈憲法〉第116條）。全國人大通過的各項法律，則一體適用於全國。此皆見香港特別行政區自治立法權的特殊性。

三、在司法權方面

香港法院除對國防、外交等國家行為無管轄權以外，對香港特別行政區內的所有案件均有管轄權，而且有終審權。在聯邦制國家如美國，司法終審權為聯邦最高法院所有，而香港特別行政區作為一個單一制國家內的一個地方行政區域，竟然享有獨立的司法權與司法終審權，是相當不尋常的。

雖然香港特別行政區享有如此高度的自治權，但在單一制的一國兩制架構下，仍然存在著許多的限制，這亦可以從幾個方面來觀察：

一、無自主之組織權

由於作為香港特別行政區根本大法的〈香港特別行政區基本法〉為中共全國人民代表大會所制定之基本法律，關於特別行政區之設立，變更及廢止，以及政權組織的各種形式，香港特別行政區立法會均無單獨加以變更修改之權力。這一點和〈中華民國憲法〉第10章規定由省民代表大會依〈省縣自治通則〉制定省自治法以組織省議會與省政府的作法大異其趣。

二、對中央政府之決定，無抗衡權

香港特別行政區為單一制國體下之地方自治區域，無固有自治權，其自治權係由全國人大立法賦與。故此類地方政府在面對中央政府有關權限劃分之決定時，無抗衡之權力。如果香港特別行政區立法會逾越〈基本法〉所賦予之權限而立法，中央有權並只能將該法案全數發回。

三、不享有剩餘權力

所謂剩餘權力指憲法中未明文規定屬於中央或屬於地方之權力，在聯邦制國家，如〈美國憲法〉增修條文第10條即明文規定：「本憲法未授予中央或未禁止各州行使之權力，皆保留於各州或人民。」此即將剩餘權力歸屬於各州。而在單一制國家中，剩餘權力則歸屬於中央，因此香港特別行政區所享有之自治權將只限於〈基本法〉所規定者，未規定者則自屬中央。香港法院如在審理具體案件中對於〈基本法〉關於中央人民政府管理的事務或中央和香港特別行政區關係的解釋產生疑義，相關條款的解釋權仍在中央的全國人大常會（第158條）。

四、對國家行為無管轄權

中共強調九七之後香港地方之主權是歸還於中國而非香港人民，因此象徵主權之權力——外交與國防，必須由中央政府來行使，在〈基本法〉第13條與第14條中即規定外交及駐防事務由中央人民政府負責。

第三項　香港特別行政區係直轄於中央人民政府的地方行政區域

香港特別行政區為一級地方行政區域，在行政層級上不隸屬任何省、縣、自治區，而直接受中央人民政府管轄。中央人民政府所屬各部門、各省、自治區、直轄市均不得干預香港特別行政區根據基本法自行管理的事務。中央各部門各省、各區、各直轄市如須在香港特別行政區設立機構，須徵得香港特別行政區政府同意。中央人民政府所屬各部門、各省、自治區、直轄市，在香港特別行政區設立之一切機構及其人員須遵守香港特別行政區之法律。中國其他地區的人進入香港須辦理手續，其中進入香港特別行政區定居之人數由中央人民政府主管部門徵求香港特別行政區政府的意見後確定（第22條）。

中共中央人民政府對香港特別行政區所享有之主權顯示於下述之權力中：

一、外交事務

在外交事務方面，由於香港目前在國際上係以香港名義或透過英國廣泛參與國際事務，以非主權實體之身份在國際社會上行使權利、履行義務，對於香港經濟之自由與繁榮有重大之助益。歸還中國之後，爲使香港此種對外關係得以持續，亦爲確保香港繼續繁榮，第7章對外事務中，承認香港得以「中國香港」之名義，以非主權實體身份參與各項國際事務。然而，此與第13條香港無外交權之規定實有所衝突。考之第151條中所例示之香港特別行政區對外事務權的範圍，包括「經濟、貿易、金融、航運、通訊、旅遊、文化、體育等領域」，政治與軍事未予列入。若輔以中共對主權一事之堅持則可知所謂香港無外交權，應指關於政治性之國際組織或協議，香港不得以自己之名義單獨加入。此外，在香港得參與之涉外事務中，以國家爲單位者，香港政府得派遣代表作爲中國代表團之成員，或以中國政府及相關國際組織或會議所允許之身分參加，以中國香港名義發言。而不以國爲單位參加之國際組織與會議，得以「中國香港」名義參加。

二、駐防事務

至於駐防方面，〈基本法〉第14條規定中央政府派駐香港之軍隊不干預香港地方事務，香港政府在必要時得向中央政府請求駐軍協助維持社會治安和救助災害。至於香港地區之社會治安則由香港政府自行負責，駐軍費用由中央人民政府負擔。香港方面有主張中共在香港應部署少量軍隊，且不要部署在香港市區，但中共方面堅持關於派駐多少部隊、部屬於何處、對駐軍如何管理等事項，屬於中央人民政府主權範圍之事務，應由中央人民政府根據防務之需要，同時考慮香港特別行政區之需要作出決定。

三、對行政長官及主要官員之任命權

依據〈基本法〉第45條及第48條之規定，中共中央人民政府對行政長官及主要官員有任命權。

四、進入緊急狀態決定權

依據〈基本法〉第18條第4款之規定，「全國人民代表大會常務委員會決定宣布戰爭狀態或香港特別行政區發生香港特別行政區政府不能控制的危及國家統一及安全的動亂而決定香港特別行政區進入緊急狀態，中央人民政府可發佈命令將有關全國性法令在香港特別行政區實施。」香港現制中港督擁有緊急權力，制定〈香港特別行政區基本法〉之時有人主張應由香港特別行政區行政長官擁有緊急狀態之宣布權，但中共方面認爲行政長官不代表中共中央，亦無權指揮軍隊，故不宜由行政長官擁有緊急權力。

五、基本法解釋權

在強調人權保障採取權力制衡之政治制度中，法律之制定及解釋分屬於立法及司法機關。但中共採行人民民主集中制，法律之制定歸屬於中央之全國人民代表大會及其常務委員會，依據〈中華人民共和國憲法〉第67條第4款規定，解釋法律是全國人民代表大會之職權。〈基本法〉復規定，〈基本法〉之解釋權屬於全國人民代表大會常務委員會。早先在1981年，中共第5屆全國人民代表大會常務委員會第19次會議即通過了〈全國人民代表大會常務委員會關於加強法律解釋工作的決議〉：

㈠凡關於法律、法令條文本身需要進一步明確界定或作補充規定的，由全國人民代表大會常務委員會進行解釋或用法令加以規定；

㈡凡屬於法院審判工作具體應用法律、法令的問題，由最高人民法院進行解釋。凡屬於檢察院檢察工作中具體應用法律、法令的問題，由最高人民檢察院進行解釋。最高人民法院和最高人民檢察院的解釋如果有原則性之的分歧，報請全國人民代表大會常務委員會解釋或決定。

㈢不屬於審判和檢察工作中的其他法律、法令如何具體應用的問題，由國務院及主管部門進行解釋。

㈣凡屬於地方性法規條文本身需要進一步明確界限或作補充規定的，由制定法規的省、自治區、直轄市人民代表大會常務委員會進行解釋或作出規定。凡屬於地方性法規如何具體應用的問題，由省、自治區、

直轄市人民政府主管部門進行解釋。

〈基本法〉仿效上述之作法規定，全國人民代表大會常務委員會授權香港特別行政區法院在審理案件時，對〈基本法〉關於特別行政區自治範圍內之條款自行解釋。香港特別行政區法院在審理案件時，對香港特別行政區基本法之其他條款也可解釋，如香港特別行政區法院欲對〈基本法〉關於中央人民政府管理的事務或中央和香港特別行政區關係的條款進行解釋，而該條款之解釋又影響到案件之判決，那麼在對該案件作出不可上訴之終局判決以前，應由香港特別行政區終審法院請全國人大常委會對有關條款作出解釋。全國人大常委會在對〈香港特別行區基本法〉進行解釋時，應先諮詢香港特別行政區基本法委員會之意見（第158條），該委員會為設在全國人大常委會下之工作委員會，由中國內地人士與香港人士各6人組成。

六、基本法修改權

〈基本法〉第159條中規定：「本法之修改權屬於全國人民代表大會，本法之修改提案權屬於全國人民代表大會常務委員會、國務院和香港特別行政區。香港特別行政區的修改議案須經香港特別行政區的全國人民代表大會代表三分之二多數、香港特別行政區立法局數和香港特別行政區行政長官同意後，交由香港特別行政區出席全國人民代表大會的代表團向全國人民代表大會提出。基本法的修改議案在列入全國人民代表大會的議程前先由香港特別行政區基本法委員會研究並提出意見。基本法的任何修改均不得同中華人民共國對香港既定的方針政策相牴觸。」就其程序而言，由香港特別行政區所提之修改議案須經繁複之程序，而由全國人民代表大會常務委員會及國務院所提之修改議案只須徵詢基本法委員會之意見。

綜上所述，〈基本法〉賦予香港特別行政區高度自治權，然而在爭議問題點上，如剩餘權力之歸屬，對中央之抗衡權，及關於自治地位之自主組織權上，香港特別行政區則無與中央交涉之籌碼。

第三章　香港特別行政區政治體制之建立

第一節　香港殖民體制之特質

　　香港於割讓英國後，1843年英國政府向香港總督砵甸乍頒發〈英皇制誥〉，規定總督兼總司令爲香港首長，下設行政、立法兩局，總督可制定法律、任免政府官員和法官以及處置土地，但香港的法律不能牴觸殖民地部的訓示，且英國保留審查香港法律及爲香港立法的絕對權力。作爲〈英皇制誥〉施行細則的〈皇室訓令〉，則規定了行政局和立法局的組成，兩局成員均爲三名，皆由總督提名英皇任命，總督同時擔任兩局會議主席，會議議案由總督決定，總督有權否決會議表決的結論（註一）。爲了拉攏人心，香港政府逐年增加委任華人擔任兩局的非官守議員，但皆非經由民選方式產生，香港人民若要參與香港的政治體制，只能透過港督的委任，而港督所青睞的對象，當然就是那些出身上流社會、或者與殖民政府有著共同利益的人士。英國是一個古老的民主國家，講求權力分立與主權在民，可是它卻完全以另一套標準來統治香港人民，展現了高度的權力集中與菁英統治，這是十分令人感到諷刺的。直到1980年代中英間開始就香港問題有所接觸之前，在英國統治下的香港憲法秩序，主要表現爲三個廣泛的原則（註二）：

註一　鄭宇碩編，香港政制及政治，香港：天地圖書有限公司，1987年，頁3，間引自蕭蔚雲主編，一國兩制與香港基本法律制度，北京：北京大學出版社，1990年5月，頁200。

註二　參照Peter Wesley-Smith, The Present Constitution of Hong Kong, in: Peter Wesley-Smith and Albert Chen(ed.), The Basic Law and Hong

第一項 它是一個殖民地憲法

事實上這是19世紀中葉之前大英帝國屬土（殖民地）憲法的典型。以〈英皇制誥〉和〈皇室訓令〉非法律的形式架構（如〈地方政府法〉），反映帝國的最高性與殖民地的附屬性。這種形式的特色是在表面上以英皇的御旨決定殖民地憲法的一切內容，並且以這種形式決定香港殖民地總督的人選與在任期間。總督相當於英皇的代理人，「皇室授權並指令總督兼總司令行使在他職權範圍內之一切權力」（〈制誥〉第2條）；他的權力既然來自英皇而非香港人民，他自然會站在英國的立場，忠實地執行英國政府的所有指令。英國政府的國家行為，如宣戰等，是不受香港法院審查的，香港的外交與國防事務權皆專屬於英國政府。（註三）

由於英國為一君主立憲國家，英皇「君臨而不統治」，所以在統治形態上展現為國會主權，也因此作為香港根本大法的〈英皇制誥〉和〈皇室訓令〉，實際上的修改大權乃繫於國會。〈制誥〉第9條規定：「皇室及其繼嗣人保留參照樞密院之意見制訂本殖民地法律之當然權力，該法律乃確保本殖民地之和平、秩序及良好管理所必須。」樞密院為英國憲法形式上的最高行政機關，樞密院委員由英皇任命，為終身職，成員通常包括坎特伯里和約克的大主教、倫敦的主教、高級法官和退職法官、曾任政府要職的顯貴和學術界文化界名流，內閣大臣則為當然任命的委員，樞密院的全體會議只有在英皇的加冕等重要儀典時才召開，普通會議則只須委員三人即可召開，故大權掌握在在任內閣大臣的手中（註四）。內閣大臣本身均為下議院議員，在法律上，立法權屬於國會，內閣則是透過政黨控制國會，所以上述條文的真實意義即為英國國會保留了制訂香

Kong's Future, Hong Kong: Butterworths, 1988, p.9-13。

註三 Ibid., p.9。

註四 參照薩孟武、劉慶瑞，各國憲法及其政府，民國74年10月，台北：自版，頁24-25。

港法律的當然權力，〈制誥〉第10條又規定：「立法局通過之法案，須呈
總督審閱，總督依據經御筆簽署及蓋上御璽或透過皇室之一名重要國務
大臣傳達於他之訓令作出判斷，批准或拒絕批准之，或留待皇室批准之。」
前面說過皇室的意見一定要通過樞密院表達，所謂「重要國務大臣」則
是指主管殖民地事務的最高首長，皇室的訓令不論是以何種方式傳達，
實際上這種批准或拒絕香港法律效力的權力仍在於英國政府，批准香港
法律的權力既然握於英國政府之手，香港法律的內容自然也不能牴觸英
國法律，而司法管轄的終審權隨著英國法律的最高性，為了齊一英國的
法律見解，也就控制在英國法定的終審法院樞密院之下的司法委員會手
中。

第二項　它體現一「首長至上政府」（Gubernatorial government），亦即政府作為的最終責任乃繫於總督一人

　　按，19世紀英國殖民地部直接管轄的殖民地政制，基本上都是由英
國直接委任總督為殖民地首長，總攬一切政務，只對英國政府負責，但
為因應不同的政務規模以及政治需要，以總督為中心，又有三種不同的
政制類型：第一類是由總督全權負責，權力集中，不設任何議局，如直
布羅陀，這一類的殖民地多為軍事要地；第二類則是在總督以下設一個
議局或分設行政、立法兩議局，以協助總督處理政務，而議局的議員則
由總督委任，此類的殖民地有模里西斯、錫蘭等；第三類則是在總督以
下分設行政、立法兩議局，部份或全部議員則經由選舉方式產生，如馬
爾他、塞浦路斯等。英國最初在香港建立的政制屬於第二類模式(註五)。
總督本人是行政局會議主席，徵詢行政局的意見單獨作出行政決策，而
他又是立法局會議的主席，有審閱立法局通過之法案使其成為正式法律

註五　鄭宇碩編，前揭書，頁1-3。間引自蕭蔚雲主編，前揭書，頁199-200。

的權力。行政局和立法局的議員皆由總督任命。總督雖然不能干涉司法，卻可以任免法官、赦免犯人或減輕其刑罰之權。除了作爲香港的權力中樞，總督同是也代表英皇出席各種在香港舉行的官式場合。有學者歸納出類似香港的這類殖民地政府的形式包含「四非」，即非責任政府、非自治政府、非代議立法與非民主（**註六**）。

　　所謂責任政府，即政府的施政須對民選的議會負責，一旦與議會意見不一，則政府成員有向議會辭職之義務。香港立法局議員非直接民選，且其僅是總督行使立法權的諮詢機關，總督由英國政府決定去留，他所要負責的對象是英國政府，而不是他自己委任的立法局，所以香港政府非責任政府。

　　所謂自治政府，指由當地選出的政府施政內容完整，包括對外事務。香港政府的對外關係完全遵照英國的指示，由於立法局及總督皆非民選，甚至連內部事務都非自治。

　　所謂代議立法，根據1865年〈殖民地法律效力法〉的定義，是指殖民地立法機關的成員有一半爲當地居民選舉產生者，該法第5條規定，凡代議立法機關依照憲法、職權和立法程序皆對於殖民地擁有完全的立法權力。代議立法的精神與行政至上政府的精神是相衝突的，因爲一以殖民地的利益爲考量，一則以殖民母國的利益是從。委任產生的香港立法局自非代議機關，而其立法權又受限於總督與英國國會。

　　所謂民主，則是指政府與議會的組成均經由人民選舉同意。香港總督由英國政府任命，立法局議員由總督委任，自然非民主制度。

第三項　它使立法機關僅享有有限的立法權能

　　香港法律不能牴觸英國法律，法案須經總督審閱，〈皇室訓令〉第26條尚且規定了十種總督無權審閱批准的法案內容，在該範圍內的立法均

註六　Peter Wesley-Smith, op.cit., n.2, p.10-11。

須由英國政府親自決定。

　　香港殖民主義政治體制的編制是這樣的，總督有兩個諮詢機關，一為立法局、一為行政局，立法局相當於一般國家中的議會，行政局則相當於內閣，〈皇室訓令〉第10條規定：「總督在行使英皇制誥授予之權力時，應就一切事項同行政局商議。」但第12條亦規定：「總督有權否決行政局議員之意見。」港府的決策由原名輔政司署的布政司署執行，布政司為香港政府的最高行政首長，港督不在職期間由布政司代理職務下有金融、經濟、工商、財政、行政、政務、教育統籌、衛生福利、地政工務、文康市政、運輸、保安、銓敍、常務各科與副布政司辦事處，與布政司同級的單位尚有財政司與律政司，財政司相當於中央銀行，律政司則相當於司法院。布政司、財政司、律政司、民政司和駐港英軍司令為行政局當然官守議員，但其任命權不在總督手上，而是倫敦英國政府決定者，由於官守議員的意見依照慣例必須一致，總督的權力乃因此而受到英國的牽制。香港的殖民主義政制可以圖表具體說明如下：

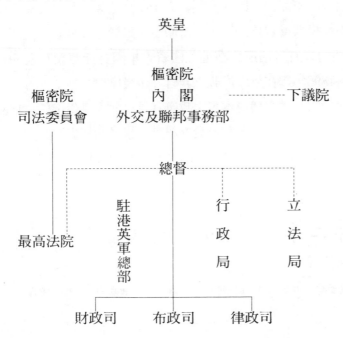

　　最早行政與立法兩局成立的時候，完全爲總督委任的官守議員，但隨著政治形勢的演進，香港政府乃逐年增加非官守議員的名額。非官守議員並非民選，而是由特定團體選舉產生，再由總督在形式上加以委任。非官守議員的出現，肇因於1845年戴維斯（Davies）出任港督時與香港英國商人因徵稅問題發生衝突，商人上書英國殖民地大臣陳情抗議，要求成立自治市政府。1847年，英國政府成立專責小組研究擴大在港英國居民參與管理香港事務的權利。1849年，般咸（Bonham）總督鑑於成立自治市政府可能有財政的困難，於是提出折衷方案，主張在兩局各提名兩位非官守議員。英國殖民地大臣認爲於立法局設置即可，乃於1850年，立法局首度出現非官守議員。1894年，香港政府再度因財政問題與英國在港資本集團發生衝突，三名立法局非官守議員懷德海、遮打和何啓聯名請願，要求英國當局賦與香港更多的自治權。他們要求立法局的多數席位應讓給民選的非官守議員，並且要求行政局也設立非官守議員，但選舉權只限於英籍人士。此一建議爲英國殖民地大臣所拒絕，其理由是香港以華人居多，不能由少數在港英籍人士壟斷政權，而且英籍人士的定義不明，對於投票權資格的認定尚待釐定。鑑於諸多考慮，英國政府認爲其所委任的政府恐怕還比在港英國資本集團更能照顧華人的利益，最後決定自1896年起在行政局設立非官守議員席位。

　　此外，立法局的非官守議員本可由政府官員以個人身份出任，1883年港督寶雲（Bowen）認爲此舉有違設立非官守議員的初衷，乃向英國殖民地大臣建議禁止（**註七**）。此後香港兩局的規制便大致依此確定了下來。

第二節　香港的非殖民地化

註七　張漢德、盧子健，政制改革何去何從，香港：金陵出版社，1984年9月，頁7
　　　　－11。

香港在英國統治之下一直沒有建立民主制度，但上至行政、立法兩局，下至各區議會，香港政府則建立了許多諮詢機構，使香港人民有機會參與政治。參與政治的途徑有兩種：一為得港督之青睞而受委任；二為透過功能組別之選舉成為非官守議員。所謂功能組別，就是職業團體選舉，以各個工商體為單位，選舉方式按各組別規定而有所不同，但皆非由全體成員直選，多係為理事間之互選，稱為法團選舉。在此種制度之下步入政壇者大多為事業有成，熱心參與社會公益活動，在社交上接近權貴以取得港督委任，或在功能組別中出線者，對這些傳統式的政治菁英而言，政治只是個人事業之延伸，有錦上添花之意，而香港政府亦透過此種制度，得以拉攏香港社會中之上層階級。

為了爭取殖民地人民的支持共同參與第二次世界大戰的同盟國陣營，英國殖民地部於1943年決定在戰後推動殖民地的非殖民地化，1944年，香港計劃小組在倫敦成立，1946年港督楊慕琦（Young）發表了有關香港政制改革的計劃，通稱為〈楊慕琦計劃〉，此一計劃的最重要內容即在香港市區（不包含新界租借地）成立市議會，市議員席次三十名，華人與非華人各佔其半，三分之二席位由區域選舉產生，其餘則以法團選舉產生。立法局則將非官守議員的席次增加，使之超越官守議員，其中四名席次亦由法團選舉產生。

〈楊慕琦計劃〉在立法過程當中則遭到立法局非官守議員的反對，首席非官守議員Landale在1949年提出的方案主要為反對市議會的成立，但對於立法局的改革則表支持，只是改革的內容為非官守議員部份席位由港督委任，部份由英籍人士票選，立法局的意見與民間支持的〈楊慕琦計劃〉兩相爭執不下的結果，英國收回了香港政改的計劃。

〈楊慕琦計劃〉的精神在下放權力，它的胎死腹中，顯示香港中央政府的階級性，六○年代港督戴麟趾（Trench）則繞過兩局，另行成立一個工作小組研究在香港設立地方政府的可行性，同時香港市政局亦成立委員會研究市政改革，戴麟趾的方案遭到官僚階層的反對，認為不切

實際，市政局的方案則愼爲激進，主張成立一個包括香港、九龍、新界的大香港市政府和大香港市議會，企圖以市政局取代立法局，市政局的報告可想而見乃遭到港府的拒絕。當時香港政府內部對於政制改革並不感到興趣，他們認爲只要提高行政效率和增加社會公共的服務，便足以解決地方政府成立所要處理的問題。八〇年代由於新界地區多個新市鎮地區諮詢委員會的成立，對於居民社區參與和地方自治的落實成效卓著，港督麥理浩乃指示加以推廣，港府乃在港九及新界各區成立地區管理委員會和區議會，此次政制改革雖然只限於地方層次，但改革速度之快，且幾乎未如楊慕琦和戴麟趾時期的改革一樣遭到來自香港政府內部的反彈，主要的原因可能是由於麥理浩及英國方面深知九七將屆，中國(共)收回香港主權的意志十分堅定，因此決心大幅進行香港的非殖民地化，地方行政計劃其實就是地方自治政府的胚胎 (**註八**)。

麥理浩地方政改計劃的初步成果，帶給了港府相當的信心，1984年港府布政司夏鼎基（Haddon-cave）向立法局提出〈進一步發展地方行政建議〉，這份〈建議〉有兩個值得一書的重點，一爲增加各地方區議會民選議員的名額，一則於新界地區設立區域議會，論者謂港府的此一決策可能亦包含了政治動機，即藉區議員選舉規模的擴大培養香港未來民選立法局議員的人選，一則藉區域議會與市政局的並立，否決了大香港市政府的提前問世，以免市政局挑戰了香港中央政府的權威，紊亂了英國對於香港問題的佈局 (**註九**)。

1984年〈中英聯合聲明〉簽署在即，香港政改迫在眉睫，因爲以香港現行的殖民地體制，勢必無法在九七之前充分代表香港民意，香港必須有一個基於人民主權而來的政府，以便於順利處理過渡事宜，香港地方政制改革基本上已激起香港人民要求中央政制改革的意向。同年4月，英國外交大臣賀維在香港公開宣布香港實行代議政制，正式揭起非殖民

註八 參照同上註，頁25-39。
註九 參照同上註，頁45。

地化的序幕。5月，香港政府民政司黎敦義(Bray)對立法局會議發表〈政府進一步發展地方行政制度的計劃〉中表示：「現在我們旣然已經擬定進行區域性及地區性改革的辦法，便可以進一步研究如何去推行一個更具代議性質的中央政府體制。」(註十)。同年7月，港督尤德 (Youde) 乃正式在立法局發表〈代議政制綠皮書——代議政制在香港的進一步發展〉，接櫫「逐步建立一個政制，使其權力穩固地立跟於香港，有充分權威代表香港人的意見，同時更能較直接向港人負責」的目標，擬將立法局非官守議員依地區和社會功能劃分的產生方式予以法制化(註十一)，9月中（共）英簽署〈聯合聲明〉，〈聲明〉第5條規定：「香港特別行政區政府由當地人組成」，反映了「港人治港」的政改趨勢。11月，香港政府〈代議政制白皮書〉發表，〈英皇制誥〉第6條第1款有關立法局議員產生增訂民選議員一項，英國非殖民地化的第一步——建立代議政府。乃在1985年9月首度舉行立法局民選議員選舉，這次選舉共選出24名民選議員，佔立法局全體議員56名的42%。

這次選舉雖非直接選舉，但已引起了中共的不悅，中共認爲香港政府的加速推動代議制，違反了〈聯合聲明〉第5條：「香港的現行社會、經濟制度不變；生活方式不變」的規定。1988年香港政府不顧壓力，發表白皮書，建議在1991年的立法局議員選舉中劃出10席開放直選。1989年北京爆發天安門六四事件，1990年〈基本法〉公布，香港普遍瀰漫著對中共政權的不信任感，香港兩局非官守議員因而強烈要求香港政府於1991年的立法局議員選舉將直選席次大幅開放至20席，並建議1995年直選的立法局議員不得少30席，這個數字已達到全部席次的一半以上了，足以使香港立法局的民意基礎站穩腳步。

對香港大多數之平民而言，香港政府所提供之政治參與管道只是少數有錢人的遊戲，且在香港政府之治理下香港社會安定繁榮，一般民眾

註十　同上註，頁50。

註十一　同上註，頁51。

並不熱心政治參與。〈基本法〉對香港人民提供「生活方式五十年不變」之保證，相當程度的安定了香港民心。但六四天安門事件之發生，動搖了大多數香港人民對中共政府之信心，政治團體紛紛成立，推動香港之民主政治。1991年立法局首次開放部分議席以直選產生，在該次選舉中民主派人士於18個民選議席中佔15席，親共派人士則全軍覆沒(**註十二**)。

　　港督彭定康於1992年就職，在其首次施政報告中說明其企圖在九七年之前建立更為民主之香港政制的決心。主要的有三部份：甲、擴大推行全民福利措施。乙、改良1995年立法局選舉制度。丙、加強立法局監督行政局即立法主導之功能。其中攸關香港民主化前途的，即為立法局職權與地位的改革以及1995年立法局議員的選舉(「九五選舉」)。這是引發中英雙方產生爭議之所在。彭定康與此相關之政改內容為：

第一項　關於解決行政與立法兩局角色混淆不清之問題

　　一、為釐清行政局與立法局之關係，發揮兩局自身之功能，兩局議員身份不應重疊，因而期望新組成的行政局為一非政黨的政治組織，並將委任在本身行業中表現卓越之獨立社會人士與港府官員參加。

　　二、分開兩局非官守議員，讓立法局自行處理本身事務，港督將不再擔任立法局主席，但每月至少一次與立法局議員會面，以討論港府政策策答覆問題聽取建議。

　　三、取消行政立法兩局議員辦事處，建議成立「政府及立法局事務委員會」，以商討立法及財務。

　　四、取消官守議員，而使非官守議員成為60名。其中選舉產生的議員增加11名，成為50名，包括功能團體選舉產生30名，直選20名。委任

註十二　梁玉英，香港立法局直選與民主派的發展前途，台北：問題與研究，第30卷第11期，民國80年11月，頁37-47；丁偉，轉變中的香港政治秩序及對港台關係之啟示，台北：問題與研究，第31卷第9期，頁9-11。

議員則由18名減少爲10名，改由選舉委員會投票產生。

五、1995年立法局直選議席即由18席增至20席。

第二項　關於 1995 年選舉方案之建議

一、投票年齡由21歲降至18歲。

二、功能組別除現有21個外再增設9個，所有形式的法團投票均應以個人投票代替之，選民範圍因此擴大至270萬人。

三、1993年起擴大區議會之職責功能和財政預算。

四、1994年起除新界區議會外，所有區議員均由直選產生，廢除委任議席。

五、1995年由選舉委員會負責選出10位立法局議員，建議選舉委員全部或大部分由1994年直選產生之區議員擔任。

六、分區直選採單議席單票制（即單一選區多數決制）。

彭氏強調此種設計是在〈基本法〉所未規定的灰色地帶所做的補充，目的是在〈基本法〉的範圍內擴大民主，以提供民主直通車在〈基本法〉鋪成之軌道上前進。

彭氏之憲制方案中改變最大者爲功能組別之選舉，在過去功能組別之選舉是少數特權階級的遊戲，此次彭氏之改革方案要求全數改爲個人投票，並增加九個功能組別使權香港的工作人口除直選外，每人都能再多投一票選出功能組別之代表，使原來少數參與之選舉擴大了選民的基礎，而原來10席的委任議席則由直選產生之區議員中委任。經此一改變，原來部分由選舉大部分由非民主方式產生之立法局，1995年時便全部由經過選舉考驗之議員組成，而1995年立法局議員任期到1999年，彭定康希望透過1995年立法局之全面由本地選舉產生，以確保九七年之後由非親中的民主派主導香港政治情勢（註十三）。

註十三　劉承宗，彭定康的政制改革，台北：共黨問題研究，第19卷第5期，頁77-85。

第三節　香港特別行政區政治體制的建立

　　1990年4月4日，中共第7屆全國人民代表大會第3次會議通過〈中華人民共和國香港特別行政區基本法〉及三個附件，同時也通過了〈全國人民代表大會關於香港特別行政區第一屆政府和立法會產生辦法的決定〉（以下簡稱〈決定〉），自此香港乃進入英中主權交接的過渡階段。

　　中共對於香港的行政與立法機關是以「維持現狀」為主要目標。維持現狀，即維持殖民地菁英統治的體制，只要能阻止香港民主派人士進入議會，中共便可一手遮天，順利完成「內部殖民」。〈決定〉的第1條即規定香港特別行政區的第一屆政府和立法會要根據體現國家主權、平穩過渡的原則產生，第2條則進一步規定實現平穩過渡的方式，即於1996年內由全國人大設立香港特別行政區籌備委員會(以下簡稱籌委會)，籌委會的工作在「規定第一屆政府和立法會的具體產生辦法」，關於政府的產生，第3條規定由籌委會籌組香港特別行政區第一屆政府推選委員會，推選委員會本身類似於一個選舉人團，以協商或協商後提名選舉方式推舉出第一任行政長官的人選，報請中央人民政府任命（第4條），而推選委員的產生則非經由選舉，而是由中共以工商、金融界；專業界；勞工、基層、宗教等界；和原政界人士、香港地區全國人大代表、香港地區全國政協委員的代表各佔25％的比例就香港永久性居民遴選400人組成，第一屆政府重要職位則由行政長官依〈基本法〉第48條的規定提名人選報請中央人民政府任命。第一屆立法會議員的產生，依〈決定〉第6條規定，「分區直接選舉產生議員20人，選舉委員會選舉產生議員10人，功能團體選舉產生議員30人」，總計60人，任期為兩年，其任期之所以和第二屆以後議員的四年任期規定不同，則是因為第一屆立法會原則上由1995年選出的四年任期的立法局議員繼續留任至任期屆滿，雖然仍由原香港立法局議員組成，但1997年中國恢復對香港行使主權，在屆次的計算上應

當算爲新的一屆(**註十四**)。但中共並不是無條件同意繼受原香港立法局議員的，而是須經香港特別行政區籌備委員會的確認，確認的條件爲香港最後一屆立法局的組成「符合本決定和香港特別行政區基本法的有關規定，其議員擁護中華人民共和國香港特別行政區基本法、願意效忠中華人民共和國香港特別行政區並符合香港特別行政區規定條件」(〈決定〉第6條)，而所謂的「有關規定」，即是〈決定〉所規定的議員產生方式和〈基本法〉第67條的非中國籍和在外國有居留權的議員不得超出全體議員20%即12名的規定。換言之，所謂的民主直通車，只要港英政府舉辦的最後一屆立法局議員選舉依照〈決定〉和〈基本法〉的精神辦理，便可望直抵九七。

　　然而〈決定〉的規定卻出現漏洞，因爲它儘管規定了第一任行政長官的選舉委員會——推選委員會的組成，卻未對第一屆立法會的選舉委員會作出具體規定，彭定康的政改方案便抓住了此一「灰色地帶」，自行決定了選舉委員會的組成及職權，即以1995年以前直選產生的區議員擔任選舉委員，選舉委員會不是如同行政長官推選委員會一般的「選舉人團」，即只是選舉10名議員，還負責選舉行政的工作，包括重劃選區和功能組別選民的重新登記，而彭氏的重劃選區配合單票單議席制，則是將整個香港由原來的9個選區劃爲20個選區，這樣小黨將難有出線的機會，此外功能組別選民的擴大和法團選舉的廢除，則無異於另一種變相的直接選舉，這一來整個立法局的菁英壟斷色彩將被打破，使中共益難於操縱控制九七之後立法會所象徵的香港民意。

　　針對彭定康的政改，中共的態度是強烈指摘其爲「三違反」：違反〈中英聯合聲明〉、違反〈基本法〉、違反中英之間關於九七之前政制安排之祕密協議。關於違反〈中英聯合聲明〉，中共學者謂九七之後英國是將香港主權交給中國政府而非香港立法局，〈聯合聲明〉第5條的精神即在於

註十四　蕭蔚雲主編，同註一，頁277。

要求維持香港現行體制不變；關於違反〈基本法〉之部分，中共學者認爲〈基本法〉之設計沿用現行香港體制中行政主導與菁英統治之制度，彭定康企圖搞立法主導是違背〈基本法〉的，而功能團體原來之選舉方式目的在吸納經濟與專業人才，如今彭定康試圖將功能團體之選舉方式改爲變相直選，使九五年立法局由直選壟斷，違反〈基本法〉菁英統治之設計，實際上是打著民主的旗號，扶植英國之追隨者在九七年之後對抗中國政府，是殖民主義者慣用的伎倆；關於違反中英雙方關於九七年之前政制安排之祕密協議，中共公開中英兩國外交部在1990年初就香港九七年前後政制安排的七封密函，聲稱雙方已達成原則性之諒解，彭氏憲制政改方案實已違反雙方之協議。英國外交部則聲稱雙方未達成任何協議（**註十五**）。

對於彭定康政改方案所引發的問題，中（共）英雙方乃展開了共計十七輪的談判，由於雙方立場強硬，談判終告破裂，1994年2月彭定康將部份政改內容送交立法局討論，通過了〈選舉辦法〉，重點有：一、將選民資格由21歲放寬至18歲；二、依單票單議席的精神，重新劃分選區；三、地方議會委任席次全部廢除改爲直選；四、允許中共全國人大的香港代表參與地方議會選舉（**註十六**）。〈選舉辦法〉適用於1994年區議員選舉，並預計適用在1995年的立法局議員選舉，該法的通過正式宣告了中英談判的失敗，而就在與英國爭執的同時，中共則早由國務院港澳辦公室主任魯平公開透露了「另起爐灶」的可能性，以作爲談判破裂的準備。中共人大常委會在1993年7月2日決議成立香港特別行政區籌備委員會預備工作委員會（以下簡稱預委會），該委員會由30名香港委員、27名內地委員所組成，表面上其主要職責是在「籌備委員會」成立以前爲1997年

註十五 北京學者評說彭定康的憲制方案，北京：瞭望週刊海外版，1992年11月23日，頁6-9。

註十六 葉明德，現階段中共、英國「香港政策」的歧見，台北：理論與政策，第8卷第3期，民國83年5月，頁20-21。

對香港恢復行使主權、實現平穩過渡而進行各項有關準備工作，實際上則是中共爲了因應英國的最後反撲而等不及在1996年才進行特別行政區的籌備，故藉預委會的名目進行未來籌委會的工作。新華社香港分社社長周南在全國人大常委會上說明預委會的工作重點包括三項：一、檢討香港特別行政區第一屆政府和立法會的產生方案；二、檢討香港現行法律與〈基本法〉有無牴觸；三、針對香港九七其後的經濟社會暨文化措施提出政策建議**(註十七)**。預委會是一個以中央爲導向的機構，祕書處將設於北京，而只在深圳設立一個聯絡處，預委會下設政務、基建及經濟、法律、文化、治安及社會福利五個小組，分別就未來接管香港作相關預備事宜。其中，政務小組已率先於1993年11月的會議中通過了〈特區首屆立法會及行政長官產生辦法〉**(註十八)**。

〈基本法〉第68條第2款規定：「立法會的產生辦法根據香港特別行政區的實際情況和循序漸進的原則而規定，最終達至全部議員由普選產生的目標。」這裡正說明了全部議員由普選產生，乃是中共的追求目標，此一目標的提前實現竟然會遭到中共的反對，只會暴露出中共對於民主信念的無知，以及暴露出中共內部殖民的眞實意圖，所謂香港現行生活方式不變的認定，應當指香港的民主化不能倒退，並要求中共負擔起維持接收時之香港狀態的責任，以保證中共一國兩制是一項具有誠意的政策，而不是要求香港人民平白無故地繼續忍受殖民統治。

彭氏憲制方案之設計可謂在〈基本法〉架構下所能達到最大限度之民主設計，實爲用盡心思之作，然而這部民主直通車能否順利開往九七呢？答案是否定的，因爲第8屆中共全國人大常委會第9次會議於1994年8月31日通過了一項法案，授權中共於1997年接管香港後，解散香港立法局、區議會及區域市政局，重組香港特別行政區立法會及廢除地方議會

註十七 同上註，頁23-24。

註十八 朱雲漢，紅星照香江：九七尚未至中共已近逼，台北：國家政策雙週刊，第86期，1994年5月11日，頁5。

（註十九），1994年10月8日特區籌委會預委會政務小組會議更進一步決議於九六年底即成立香港臨時立法會，由該年組成的推選委員會負責組織之，臨時立法會任期一年，至九八年第一屆立法會成立爲止。政務小組中方組長蕭蔚雲解釋臨時立法會成立的原因，係基於〈基本法〉中有關立法會職權的規定必須有一機關來行使，使得避免法律眞空，（註二十）事實上立法局的任期至九九年方才中止，首屆立法會議員經中共確認原則由原立法局議員擔任，因此九七年香港主權移轉中共之時的前後，並沒有什麼法律眞空的問題，中共提前在九七之前另起爐灶，眞正原因就是怕原香港立法局議員不聽指使，過度發揮一國兩制，然而在英國主權之下及民選立法局具有強大的合法性與正當性的情形下，推選產生的臨時立法會如何具備高於立法局的代表性，而在如此薄弱的民意基礎下，又如何代表香港民意制定香港法律，都是十分令人感到懷疑的，中共的意圖乃昭然若揭接，它要提前強行接管香港，不願任何香港本土的政治勢力挿手干涉中共的接收，其結果是最後一屆立法局議員的實際任期不要說跨不過九七，甚至其立法功能在臨時立法會成立之時便已因遭到中共方面的杯葛而癱瘓。如此一來，彭定康原想藉〈決定〉的漏洞選任普選的區議員組成選舉委員會的企圖遭受到嚴重的挫折，中共絲毫不尊重香港現行法制與民選議員的作法，實有違背一國兩制精神之嫌，九七之後香港將以何種方式和平過渡轉移政權，正考驗著中港英三方領導人物之智慧。

註十九　中國時報，民國83年9月1日，第一版。

註二十　蕭蔚雲提出五項必須設立臨時立法會的理由：基本法委員會的港方委員由行政長官、立法會主席及終審法院首席法官聯合提名報全國人大常委會任命；終審法院法官的任命或免職，須由行政長官徵得立法會同意並報請全國人大常委會備案；政府財政預算的批准及審核均須立法會通過；立法會需審查香港原有法律是否與基本法相牴觸；立法會需要通過重要法律。關於最後一點，小組成員劉兆佳則補充解釋稱是指有關國家安全的法律。中國時報，民國83年10月8日，第九版。

　　〈基本法〉未來所將賦與香港特別行政區的高度自治權，大致可分為行政管理權、立法權、司法權和對外事務權等四種，而在實現高度自治權的政治體制，〈基本法〉係採用資產階級民主制度，使香港政府具有三權分立、權力制衡之體制，以廢除現行以總督獨攬大權之體制。行政系統以行政長官為首長，行政會議為諮詢機關，各級行政機關為執行機關，立法系統以立法會掌立法權，行政長官得解散立法會，立法會則制衡行政機關。司法系統基本上維持不變，但設置終審法院，以維護香港法律制度之獨立。未來香港特別行政區的政治體制可以下圖顯示。

中共中央人民政府

任命權	發回權	基本法解釋權
行政權	立法權	司法權
行政長官	立法會	終審法院
各級行政機關		各級法院

下一章將深入探討政治體制與個別的自治權限間的關係。

第四章　香港特別行政區行政管理權與行政體制

第一節　政制設計之指導原則

　　中共於1984年與英國政府簽定〈聯合聲明〉，聲明中承諾賦予香港高度的自治權，保持香港現行社會、經濟制度及香港人民生活方式不變，但對於政治體制則未作規定。儘管未作規定，在〈基本法〉起草的過程中卻先驗地以資產階級的三權分立為基調展開辯論，而未考慮在香港實行民主集中制。因此，香港特別行政區的政治體制乃是依照行政、立、司法三權分立制衡的基本原理來進行設計的，起草過程中雖然有過一些爭論，但則僅是對於行政、立法間的權責分配與制衡機制的調整存在著不同的意見，基本上仍環繞著權力分立的主軸思考。〈中英聯合聲明〉及其附件〈中華人民共和國政府對香港的基本方針政策的具體說明〉（以下簡稱〈說明〉）有關的規定正顯示了此一精神，爾後香港特別行政區基本法起草委員會政治體制專題小組在起草〈基本法〉第4章有關政治體制的條文時，則基於此一精神先就香港特別行政區的政治體制設計擬定了幾項指導原則。這些原則是：

　　一、要符合「一個國家、兩種制度」方針和〈中英聯合聲明〉中關於政治體制的精神

　　〈中英聯合聲明〉的第3點第1至4項和的第一至四部份的規定，主要便在於體現「港人治港」的自治原則與權力分立的制度精神。〈說明〉的第一部份規定：「香港特別行政區政府和立法機關由當地人組成」，為了明確起見，〈基本法〉第3條則規定：「香港特別行政區的行政機關和立法

機關由香港永久性居民依照本法有關規定組成。」至於何謂永久性居民，
〈基本法〉第24條則規定係指在香港特別行政區享有居留權和有資格依
照香港特別行政區法律取得載明其居留權的永久性居民身份證者。〈說
明〉的第一部份又規定了香港特別行政區行政機關與立法機關的產生：
「行政長官在當地通過選舉或協商產生，由中央人民政府任命。香港特
別行政區政區的主要官員（相當於〝司〞級官員）由香港特別行政區行
政長官提名，報請中央人民政府任命。香港特別行政區立法機關由選舉
產生，行政機關必須遵守法律，對立法機關負責」，第二部份規定：「香
港特別行政區的立法權屬於香港特別行政區立法機關」，第三部份則規
定：「香港特別行政區成立後，除因香港特別行政區法院享有終審權而產
生的變化外，原在香港實行的司法體制予以保留」。

　　二、要有利於香港的經濟繁榮與社會穩定，有助於香港的資本主義
經濟的發展，同時兼顧各階層的利益

　　這裡最重要的就是各個階層政治權力及其利益的公平合理分配，因
此政治體制的設計必須納入香港的多元力量，要有廣泛的政治參與管道，
使可能的政治衝突能在一套制度化的政治過程中獲得解決。

　　三、保持香港原有政制的一些優點，並逐步發展適合於香港情況的
民主參與

　　香港原有的政治體制斷非一無可取，如繼承自英國的一套完好的文
官體系，以及各種諮詢機構 (註一)，但帶有殖民色彩的部份便需加以揚
棄，如行政至上、行政主導的總督和不完全的議會制度。

　　基於以上幾項指導原則，〈基本法〉乃在香港現行體制的基礎上建立

註一　這些諮詢機構大致上可分爲五類：(1)向部門首長提供意見的法定組織 (如保
　　　護稀有動植物諮詢委員會)；(2)向政府提供意見的法定組織 (如教育委員
　　　會)；(3)向部門首長提供意見的非法定組織 (如機場服務促進委員會)；(4)向
　　　政府提供意見的非法定組織 (如交通諮詢委員會)；(5)負責執行某項事務的
　　　委員會(如華人廟宇委員會)。參見蕭蔚雲主編，一國兩制與香港基本法律制
　　　度，北京：北京大學出版社，1990年5月，頁194-195。

了未來香港特別行政區的政治體制。本章則先就行政管理權來檢視香港特別行政區高度自治權之如何落實。

第二節　行政管理權之內容

〈基本法〉第16條規定：「香港特別行政區享有行政管理權，依照本法的有關規定自行處理香港特別行政區的行政事務。」香港特別行政區作爲中國（共）統治下的一個地方行政區域，其行政管理權自不包括國防、外交及其他專屬於中央人民政府的權力。〈基本法（草案）徵求意見稿〉曾列舉行政管理權的範圍爲：「財政、金融、經濟、工商業、貿易、稅務、郵政、民航、海事、交通運輸、漁業、農業、人事、民政、勞工、教育、醫療衛生、社會福利、文化康樂、市政建設、城市規劃、房屋、房地產、治安、出入境、天文氣象、通訊、科技、體育和其他方面的行政事務」，由於行政事務十分龐雜，不易一一列舉，爲恐掛一漏萬，〈基本法〉後來還是放棄了這種寫法，改採現今所見的概括寫法，不過就就散落在〈基本法〉各處的有關條文加以整理，仍可以得出以下的具體內容：

一、一般地方行政

依照〈基本法〉第48條有關行政長官職權的規定，香港特別行政區享有一般地方行政上的權限，包括：

㈠政策決定權　對在香港特別行政區施行的各種政策，有自主的決定權（第4款）。

㈡人事任免權　除各司司長、副司長，各局局長，廉政專員，審計署署長，警務處處長，入境事務處處長，海關關長需報請中央人民政府任命外，香港的其他公務人員和各級法官的任免均由香港特別行政區自行依法定程序決定之（第5款）。

㈢發布行政命令權　行政長官爲了執行法律和行使行政管理權可以發布各種行政命令（第4款）。

二、社會治安管理權

中央人民政府負責管理香港特別行政區的防務，香港特別行政區政府則負責維持香港特別行政區的社會治安，但必要時可向中央人民政府請求駐軍協助維持社會治安和救助災害（第14條）。

三、經濟自主權

㈠財政獨立權　香港特別行政區的財政獨立於中央人民政府之外，財政收入全部用於自身的需要，不必上繳到中央，中央也不得對香港徵收國稅，香港本地的稅收制度獨立於中央人民政府之外，參照原來實行的低稅政策，可自行立法規定稅種、稅率、稅收寬免和其他稅務事項（第106、108條）。

㈡金融管理權　香港特別行政區政府得依法自行制定貨幣金融政策，保障金融企業和金融市場的經營自由，並依法進行管理和監督（第110條）。香港目前為僅次於紐約、倫敦的世界第三大金融中心，為維持此項競爭優勢，九七年之後香港不實施外匯管制政策，港幣自由兌換，繼續開放外匯、黃金、證券、期貨等市場，保障資金的流動和進出自由（第112條）。香港特別行政區的外匯基金，由香港特別行政區政府管理和支配，主要用於調節港元匯價（第113條）。

㈢貨幣發行權　港幣在1997年之後繼續流通，為香港特別行政區之法定貨幣，其發行權屬於香港特別行政區政府。港幣之發行須有百分之百的準備金，港幣之發行制度和準備金制度由法律規定之。香港特別行政區政府，在確知港幣的發行基礎健全和發行安排符合保持港幣穩定的目的條件下，可授權指定銀行根據法定權限發行或繼續發行港幣（第111條）。

㈣貿易管理權　香港保持自由港地位，除法律另有規定外，不征收關稅（第114條）。香港特別行政區實行自由貿易政策，保障貨物、無形財產和資本的流動自由（第115條）。香港特別行政區為單獨的關稅地區，可以「中國香港」的名義參加〈關稅暨貿易總協定〉、關於國際紡織品貿

易安排等有關國際組織和國際貿易協定，包括優惠貿易安排。香港特別行政區所取得的和以前取得仍繼續有效的出口配額、關稅優惠和達成的其他類似安排，全由香港特別行政區享有（第116條）。

(五)簽發產地來源證權　香港特別行政區根據當時的產地規則，可對產品簽發產地來源證（第117條）。

(六)制定產業政策權　香港特別行政區制定適當政策，促進和協調製造業、商業、旅遊業、房地產業、運輸業、公用事業、服務性行業、漁農業等各行業的發展（第119條）。

(七)土地管理權　香港特別行政區境內的土地和自然資源屬於國家所有，由香港特別行政區政府負責管理、使用、開發、出租或批給個人、法人或團體使用或開發，其收入全歸香港特別行政區政府支配（第7條）。

四、對外運輸管理權

香港於1987年超越荷蘭鹿特丹成爲世界第一大貨櫃港，亦爲全世界運貨量最大之空運站，其航運地位舉足輕重，〈基本法〉中規定九七年之後香港之航運政策維持不變，由香港特別行政區政府自行管理。

(一)航運管理權　香港特別行政區保持原在香港實行的航運經營與管理體制，包括海員的管理制度。香港特別行政區政府自行規定在航運方面的具體職能和責任（第124條）。香港特別行政區經中央人民政府授權繼續進行船舶登記，並根據香港特別行政區的法律以「中國香港」的名義般發有關證件（第125條）。除外國軍用船只進入香港特別行政區須經中央人民政府特別許可外，其他船舶可根據香港特別行政區法律進出其港口（第126條）。香港特別行政區的私營航運及與航運有關的企業和私營集裝箱碼頭，可繼續自由經營（第127條）。

(二)民用航空管理權　香港特別行政區政府繼續實行原在香港實行的民用航空管理制度，並按中央人民政府關於飛機國籍標誌和登記標誌的規定，設置自己的飛機登記冊（第129條第1款）。香港特別行政區自己負責民用航空的日常業務和技術管理，包括機場管理，在香港特別行政區

飛行情報區內提供空中交通服務，和履行國際民用航空組織的區域性航行規劃程序所規定的其他職責（第130條）。香港特別行政區政府經中央人民政府具體授權可：(1)、續簽或修改原有的民用航空運輸協定和協議；(2)、談判簽訂新的航空運輸協定，爲在香港特別行政區註冊並以香港爲主要營業地的航空公司提供航線，以及過境和技術停降權利；(3)、同沒有簽訂民用航空運輸協定的外國或地區談判簽訂臨時協議。不涉及往返、經停中國內地而只往返、經停香港的定期航班，均由民用航空運輸協定或臨時協議予以規定（第133條）。中央人民政府授權香港特別行政區政府：(1)、同其他當局商談並簽訂有關執行〈基本法〉第133條所指民用航空運輸協定和臨時協議的各項安排；(2)、對在香港特別行政區註冊並以香港爲主要營業地的航空公司簽發執照；(3)、依照〈基本法〉第133條所指民用航空運輸協定和臨時協議指定航空公司；(4)、對外國航空公司除往返、經停中國內地的航班以外的其他航班簽發許可證（第134條）。

五、自主管理教育、科學、文化、體育、宗教、勞工和社會服務等政策之權

㈠自主教育管理權　香港特別行政區政府在原有教育制度的基礎上，自行制定有關教育的發展和改進的政策，包括教育體制和管理、教學語言、經費分配、考試制度、學位制度和承認學歷等政策（第136條）。

㈡自主科技管理權　香港特別行政區政府自行制定科學技術政策，以法律保護科學技術的研究成果、專利和發明創造，自行確定適用於香港的各類科學、技術標準和規格（第139條）。

㈢自主文化管理權　香港特別行政區政府自行制定文化政策，以法律保護作者在文學藝術創作中所獲得的成果和合法權益（第140條）。

㈣自主體育管理權　香港特別行政區政府自行制定體育政策（第142條前段）。

㈤自主社會福利政策制定權　香港特別行政區政府在原有社會福利的基礎，根據社會條件和經濟需要，自行制定其發展、改進之政策（第

145條)。通常，香港在英國殖民統治下以發展經濟爲主要目標，因此關於社會福利之制度並不完備，末代港督彭定康於1992年10月7日發表之首次施政報告中，計劃在5年內動用780億港幣建立起全面的社會福利制度，中共對此種財務安排指摘爲「你請客，我會欵」，會讓九七後特別行政區政府揹上包袱而表示反對。在九七之前中共即對香港事務多所干涉，九七之後香港特別行政區政府是否眞能如〈基本法〉中所稱，自行制定社會福利政策及其他事項之政策有待觀察。

　　㈥自主勞工管理權　香港特別行政區自行制定有關勞工的法律和政策（第147條）。

六、對外事務權

　　外交權爲中共中央所掌控之權力，但爲符合實際之需要，〈基本法〉中亦授權香港特別行政區政府自行處理部分涉外事務。

　　由於香港經濟實力之增長與航運金融中心之地位，使得香港在國際上擁有獨特之國際法律地位，以多邊條約爲例，於1984年香港所參加之各類條約，涉及經濟、貿易、金融、通訊、航運、旅遊、文化、體育等各領域達200多個。在重要之國際組織如關稅貿易總協定（GATT）、世界衛生組織（WHO）、國際勞工組織（ILO）、亞洲生產力組織（APO）、亞洲開發銀行（ADB）等，香港皆爲正式之會員。九七年之後香港政府可以中國香港之名義在經濟、貿易、金融、航運、通訊、旅遊、文化、體育等非政治性領域內，單獨同世界各國各地區及有關國際組織保持和發展關係，簽訂和履行有關協議（第151條）。中共中央人民政府將採取必要措施，使香港特別行政區得以「中國香港」的名義繼續參加不以國家爲單位參加的國際會議和國際組織（第152條第2款）。

　　關於國際間之條約，中華人民共和國締結的國際協議，中共中央人民政府可根據香港特別行政區的情況和需要，在徵詢香港特別行政區的意見後決定是否適用於香港特別行政區。中華人民共和國尚未參加但已適用於香港的國際協議仍可繼續適用。中央人民政府根據需要授權或協

助香港特別行政區政府作出適當之安排，使其他有關之國際協議適用於香港特別行政區（第153條）。

外國在香港特別行政區設立領事機構或其他官方、半官方機構，須經中央人民政府批准。已同中華人民共和國建立正式外交關係的國家在香港設立的領事機構和其他官方機構，可予保留。尚未同中華人民共和國建立正式外交關係的國家在香港設立的領事機構和其他官方機構，可根據情況允許保留或改為半官方機構。尚未為中華人民共和國承認的國家，只能在香港特別行政區設立民間機構（第157條）。

第三節　行政管理體制

第一項　行政長官

一、行政長官之法律地位

香港特別行政區行政長官具有雙重的身份。一方面，他是香港特別行政區的首長，代表香港特別行政區，依照〈基本法〉第43條之規定，對中央人民政府和香港特別行政區負責；另一方面，〈基本法〉第60條又規定他是香港特別行政區政府的首長，其地位可比之於總統制國家中的總統。

行政長官之地位相當於現行制度下之香港總督，但職權較港督為小。主要差異在於港督代表英國皇室在香港遂行殖民統治，具有指導香港政務的最高權力，而行政長官則為香港地方自治首長，只能在中共中央政府授與的自治權限內行使權力。其次英國並未在香港實施民主，所有權力最終集中於港督，而中共則在香港實施資產階級民主制，行政長官的作為須受到來自立法部門的監督、制衡。現制下港督享有立法權，兼任立法局主席，而九七之後由於嚴格實行權力分立制度，行政長官並不享有立法權，而與立法會處於平行且互相制衡之關係。再者專屬於中央的

權限如國防權，由於港督係代表英國中央，無妨於其名義上兼任香港三軍總司令，但行政長官由於係地方自治首長，其地位不同，對於中共中央駐港之人民解放軍並無置喙餘地，自無形式或實質的統率之權。

二、行政長官之產生方式

香港總督係英國皇室的代表，形式上由英皇任命，但實際上則由英國內閣經國會同意後任命，香港的民意對於總督的產生沒有任何制度上的關聯。香港結束英國的殖民統治，並不是要換上另一個殖民主子，而是要在香港實現港人治港由香港人民當家作主的民主政治，因此未來香港行政長官的產生方式必須廢棄目前總督的任命方式。

行政長官之產生方式依據〈基本法〉第45條與附件一〈香港特別行政區行政長官的產生辦法〉之規定，第1屆之行政長官由香港特別行政區第1屆政府推選委員會以協商或協商後提名選舉方式，推舉第1任行政長官人選，報請中央人民政府任命。香港特別行政區第1屆政府推選委員會則由香港永久性居民組成，成員包括立法會議員、區域性組織代表、香港地區之全國人大代表、政協委員代表及工商、金融、專業、勞工、社會服務、宗教各界人士共800人組成。

第二任以後各任行政長官，原則上由選舉委員會選出候任人一名報請中央人民政府任命，有意參選者必須先行獲得不得少於100人之選舉委員的聯合提名才能被列入候選人名單，再由選舉委員全體以一人一票無記名投票方式選出行政長官候任人。但2007年即第4任以後各任行政長官的產生辦法如有修改之需要，依現行〈香港特別行政區行政長官的產生辦法〉第7條的規定，需經立法會全體議員三分之二多數通過，行政長官同意，並報全國人民代表大會常務委員會批准。〈基本法〉第45條第2款揭示了未來行政長官「由直選產生之目標」，至於如何與何時達成該一目標，依現行〈辦法〉的規定，產生辦法的修改尚需經過在任行政長官與中共全國人大常委會的同意、批准，預料一旦香港的自主意識過強，則中共恐非樂見香港人民自選行政長官，故行政長官直選的日程表並非香

港人民所能完全自行決定者。然該〈辦法〉在草案的階段卻明白規定上述產生方式僅限於第2、3任行政長官，在第3任行政長官任內亦即2012年以前，立法會必須擬定具體辦法交付香港全體選民投票決定是否由普選產生行政長官，上該公民投票的實行必須獲得立法會議員多數通過，並徵得行政長官的同意和全國人大常委會的批准方可進行，投票結果必須有30%的合法選民贊成方爲有效，如果該次投票未獲致同意普選的結果，則每隔10年可再就行政長官普選問題重新舉行公投。除了以公投決定一途之外，草案亦提供了另一個途徑，即可經立法會全體議員三分之二多數通過與行政長官的同意並報請全國人大常委會備案的方式修改行政長官的產生辦法 (註二)，草案與〈辦法〉的差別正在於前者明定第4任行政長官選舉方式必須檢討，並且主張以公民投票或香港立法、行政兩部門同時支持的方式直接修改〈辦法〉，可是到後來，中共不但反對舉行公民投票的可能性，同時也保留了批准權。

　　值得注意的是，無論行政長官如何產生皆需經中央人民政府任命，此任命權按照中共方面學者之解釋爲實質上權力，亦即中共中央有不予以任命之權力，因爲中共認爲在單一制國家中，中央政府對於地方首長之任免掌有實權 (註三)。其實，中央的地方首長任免權縱使是實權，客觀的政治形勢也會左右他的意向，中央若違背當地民意，對於地方選出的行政長官候任人不予以同意任命，則可能引起很大的政治風波，因此，即使2007年後香港立法會能通過普選行政長官的辦法，且該辦法亦經行政長官同意與全國人民代表大會常務委員會批准，普選產生的行政長官，不論中共喜不喜歡，仍有挾帶民意逼迫中央任命之可能。

　　事實上，中共學者以中國係單一制國家，因此中央對地方首長之任命權應爲實權的說理是不正確的，在其他實施地方自治之單一制國家，如日本、**法國與台灣**，中央對地方選舉產生之首長的任命權皆爲形式上

註二　蕭蔚雲，*前揭書*，頁247。
註三　*同上註*，頁248。

權力，無不予以任命之機會。

　　中共中央就行政長官任命權之性質採實質性權利之主張，則香港特別行政區所進行之行政長官人選推舉程序僅可謂爲提名程序，眞正決定行政長官人選之權力乃掌控於中共中央，如果中共眞地悍然拒絕香港人民普選行政長官的意願與普選產生的行政長官候任人，則此一作爲不但違反地方自治之精神，也是對中共所誇稱的高度自治權的一大諷刺。

三、行政長官之資格與任期

　　〈基本法〉第44條規定行政長官之資格爲「年滿40周歲，在香港通常居住連續滿20年並在外國無居留權之香港特別行政區永久性居民中的中國公民」。香港居民的構成上比較複雜，可分爲中國公民和外籍人、永久性居民和非永久性居民、在外國有居留權的人和無居留權的人，香港特別行政區作爲中國領土的一部份，自不宜由外國人或在外國有居留權的人擔任行政長官，又行政長官必須對於香港本地的發展有長期的關懷，故亦不宜由非永久性居民擔任。

　　港督的任期由英皇決定，但一般而言不超過5年。〈基本法〉第46條則規定行政長官的任期爲5年，可連任一次。

四、行政長官之職權

　　依照〈基本法〉第48條的規定，行政長官之職權有13項，分別爲：㈠領導香港特別行政區政府；㈡負責執行〈基本法〉和依照該法適用於香港特別行政區的其他法律；㈢簽署立法會通過的法案，公佈法律；簽署立法會通過的財政預算案，將財政預算、決算報中共中央人民政府備案；㈣決定政府政策和發布行政命令；㈤提名並報請中央人民政府任命下列主要官員：各司司長、副司長，各局局長，廉政專員，審計署署長，警務處處長，入境事務處處長，海關關長；建議中央人民政府免除上述官員之職務；㈥依照法定程序任免各級法院法官；㈦依照法定程序任免各級公務人員；㈧執行中共中央人民政府就〈基本法〉規定的有關事務發出的指令；㈨代表香港特別行政區政府處理中央授權的對外事務和其

他事務；㈩批准向立法會提出有關財政收入或支出之動議；（十一）根據安全和重大公共利益之考慮，決定政府官員或其他負責政府公務的人員是否向立法會或其屬下的委員會作證和提供證據；（十二）赦免或減輕刑事罪犯的刑罰；（十三）處理請願、申訴事項。此外對立法會議員涉及政府政策之法律草案的提出有書面同意權（〈基本法〉第74條），對立法會通過之法案有發回權（第49條）（覆議權），並得解散立法會（第50條）。詳細之規定於後述之。

第二項　行政會議

行政會議相當於現行之行政局，其職權爲協助行政長官決策，因此其地位爲諮詢機關，而非決策機關。

其成員包括行政機關之主要官員，立法機關部份議員與社會人士，由行政長官任免，行政會議成員的任期應不超過委任他的行政長官之任期。行政會議之成員由在外國無居留權的香港特別行政區永久性居民中的中國公民擔任，行政長官認爲必要時可邀請有關人士列席會議(第54、55條)。

行政會議設計之主要功能在於使行政長官在作成政策決定時，得聽取行政、立法部門與社會人士之意見以收集思廣議之效。行政會議由行政長官主持，行政長官在作出重要決策、向立法會提交法案、制定附屬法規、和解散立法會前，須徵詢行政會議之意見，但人事任免、紀律制裁和緊急情況下採取之措施除外。行政長官如不採納行政會議多數成員之意見，應將具體理由記錄在案（第56條）。

第三項　行政機關

行政機關爲執行法律，管理行政事務之機關，其職權爲㈠制定並執行政策；㈡管理各項行政事務；㈢辦理〈基本法〉規定的中共中央人民政府授權的對外事務；㈣編製並提出財政預算決算；㈤擬訂並提出法案

議案附屬法規；㈥委派官員列席立法會，並代表政府發言（第62條）。

主要官員之任命由行政長官提名，報請中共中央人民政府任命，其免職權亦掌之於中共中央人民政府（第48條），現行港英政府中亦以英國內閣對三司（布政、財政、律政）之任命權，達牽制監督香港總督之目的，〈基本法〉如此之設計亦可使中共中央得以加強對香港特別行政區之監督與控制。

香港特別行政區政府中設置政務司、財務司與律政司，下設各局、處、署，並設置廉政公署與審計署，獨立工作對行政長官負責。基本上維持香港現行之行政体制。

香港政府現行之布政司署九七年之後改稱為政務司，為香港特別行政區政府之中央機構及施政中樞，政務司司長負責指揮及監督各行政部門之工作。現行之布政司署下設14科，其中11科為決策科，2科為資源科，1科專職統籌與聯絡。

財政司署九七年之後稱為財政司，負責制定香港特別行政區政府之財政政策，監督政府內之財政、金融、工商、經濟等科。

香港現行之律政司署九七年之後改稱律政司，是香港的檢察機關，下轄民政檢察科、刑事檢控科、法律草擬科與總務科。現行制度下律政司署之主要任務為檢控工作，向法院起訴，幫助法院與陪審團瞭解案情，刑期在3年以下之案件由警署負責主控，貪污案件由廉政公署主控。

香港現行之核數署九七年之後改稱審計署，負責香港特別行政區之審計工作。

香港現行之廉政公署成立於1974年6月，負責肅貪倡廉、反貪污、反行賄受賄，自成立以來成效卓著，使六、七十年代在香港盛行之集團式貪污受到打擊，九七年之後，香港特別行政區政府維持設立廉政公署，獨立工作直接對行政長官負責。

〈基本法〉中規定：「香港特別行政區可設立非政權性之區域組織，接受香港特別行政區政府就有關地區管理和其他事務之諮詢，或負責提

供文化、康樂、環境衛生等服務。」（第97條）。「區域組織的職權和組成方法，由法律規定之。」（第98條）。香港現行之政制有三級架構，第一層是港督及行政局、立法局；第二級為市政局和區域市政局，第三級則為區議會，區域組織即指市政局、區域市政局與區議會，這些區域組織的權限全部是非政治性的地方事務，不具有完整的地方自治功能，因而不能認定是香港地區的地方政府。

市政局由40名議員組成，其中15名由各區選舉，15名由總督委任，10名由各區議會選出，任期三年，首長為市政總署署長。市政局之職權為提供香港與九龍市區居民文化活動與市政服務，如清潔街道、收集垃圾、管理環境衛生，對餐廳酒樓之食品烹調與處理，管理公共體育設施，推廣體育活動，管理博物館圖書館、會堂及文化中心等設施。

區域市政局成立於1980年4月，負責提供新界地區的居民文康娛樂與市政服務，由區域市政總署負責區域市政局的政策推行。

區議會成立於1982年，目前全港共有19個區，每區設一區議會，19個區議會原有民選議員264名，委任議員141名，當然議員27名，1994年起，除新界區議會外，〈彭定康政改方案〉已將之全部改為民選。區議會的主要功能為討論與區內居民有關之事項，區議會議僅為諮詢機關，實際負責地區行政者為地區管理委員會，地區管理委員會由政務專員擔任主席，成員包括為所屬地區居民提供公共服務的各個政府部門的代表。

〈基本法〉並對於區域組織要求以法律規定之，因此預料九七之後的變化不大。

第四項　公務員制度

1997年之後在香港特別行政區任職之公務人員，必須是香港特別行政區永久性居民，香港特別行政區成立前，在香港政府各部門，包括警察部門任職之人員均可留用，其年資予以保留，薪金、津貼、福利、待遇和服務條件不低於原來之標準（第99、100條）。

　　由於現行香港之殖民政府中，有相當多之外籍公務人員，在〈中英聯合聲明〉中，中共允諾原在香港各政府部門任職的中外籍公務員、警務人員在1997年之後可以留用，〈基本法〉中規定，香港特別行政區政府可任用原香港公務人員中的或持有香港特別行政區永久性居民證之外籍人士擔任政府部門的各級公務人員，但主要官員須由在香港通常居住連續滿15年，並在外國無居留權的香港特別行政區永久性居民中的中國公民擔任，所謂主要官員包括：各司司長、副司長、各局局長、廉政專員、審計署長、警務處處長、入境事務處處長、海關關長。香港特別行政區政府還可聘請英籍和其他外籍人士擔任政府部門的顧問，必要時並可從香港特別行政區以外聘請合格人員擔任政府部門的專門和技術職務，上述外籍人士只能以個人身份受聘，對香港特別行政區政府負責（第101條）。

　　對退休或符合規定離職的公務人員，包括香港特別行政區成立前退休或符合離職規定的公務人員，不論其所屬國籍或居住地點，香港特別行政區政府按不低於原來的標準，向他們或其家屬支付應得的退休金、酬金、津貼和福利費（第102條）。

　　公務人員應根據其本人之資格、經驗和才能予以任用和提升，香港原有關於公務人員的招聘、雇用、考核、紀律、培訓和管理的制度，包括負責公務人員的任用、薪金、服務條件的專門機構，除有關給予外籍人員特權待遇的規定以外予以保留（第103條）。

第四節　行政與立法之制衡關係

第一項　行政長官之解散權

　　現行制度下香港總督可隨時解散立法局。〈基本法〉繼承了此一制度，亦賦與行政長官之解散議會權，但此一解散權的性質與一般內閣制國家

的國會解散權不同。後者內閣係產生自國會，國會解散後政權的去留乃重新面臨考驗，故內閣行使解散議會權的意義在於以政權的去留政策的擔保，但香港政制採取的是首長制，行政長官與立法會的民意基礎不同，行政長官解散立法會並不會影響到其地位，反而給予了行政長官相當大的反制立法會的權力。依照〈基本法〉第49條的規定，行政長官如認為立法會通過的法案不符合香港特別行政區整體利益，可在三個月內將法案發回立法會重議，立法會如以不少於全體議員三分之二多數再次通過原案，則行政長官必須在一個月內簽署公布。如行政長官仍舊拒絕簽署立法會再次通過之法案，並且於一個月內經與立法會協商後仍不能取得一致的意見，則可在徵詢行政會議的意見後宣布解散立法會。而立法會若拒絕通過政府提出的財政預算案或其他重要法案，經協商仍不能取得一致見解，行政長官亦可於徵詢行政會議後解散立法會。此種針對財政預算案的解散權，並不需要一個月的協商期間即可為之，程序上較前者簡單得多，而不論那一種條件，行政長官在其一任任期內只能解散立法會一次（第50條）。

第二項　立法會制衡行政長官之權力

一、使行政長官辭職

因兩次拒絕簽署立法會通過的法案而解散立法會，而重選的立法會仍以全體議員三分之二多數通過所爭議的法案，若行政長官仍拒絕簽署，則行政長官必須辭職。因立法會拒絕通過財政預算案或其他重大法案而解散立法會，重選之立法會繼續拒絕通過所爭議的議案。

二、對行政長官的彈劾權

如立法會全體議員的四分之一聯合動議，指控行政長官有嚴重違法或瀆職行為而不辭職，經立法會通過進行調查，立法會可委託終審法院首席法官負責組成獨立的調查委員會，並擔任主席，調查委員會負責進行調查，並向立法會提出報告，如該調查委員會認為有立法會以全體議

員三分之二多數通過，可提出彈劾案，報請中央政府決定。

三、對行政與立法制衡制度之檢討

中共宣稱九七之後將在香港建立資產階級民主制度，由上述行政與立法制衡制度觀之，與現行港督獨攬大權之制度相比，確實有進步之處。但較之於西方國家所謂資產階級民主制度尚有差距。

由於就行政長官解散議會，及立法會使行政長官辭職之制度，是透過立法會對法案之議決及行政長官之發回權間之抗衡而運作者，因此制衡的機制若要順利運行，兩方的權力必須均勢。但依據〈基本法〉之規定，立法會議員之提案權卻受到如下之限制（第74條）：

(一)不涉及公共開支或政治體制或政府組織之運作。

(二)涉及政府政策者，在提出前必須得到行政長官之同意。

在殖民地時期，傳統上立法局非官守議員的私人條例草案內容僅限於不全面影響全港的措施，如設立慈善團體，但是在法例上卻不受限制**(註四)**。思考其原因，本來議員即在反映民意，其提案本不應受到來自行政部門的限制，除非是法理上所不容的例如增加人民負擔的加稅提案。殖民地政府之所以在實際運作上限制非官守議員的提案範圍，即避免此類提案直接動搖到殖民地政府的統治基礎，這從公提案（public bill）必須由欽定的官守議員提出之此一慣例中可以看出統治者的心態。縱使第1項之限制乃鑑於香港為地方政府無自主組織權，及預算之分配本為行政權之職權，立法機關並非不能加以建言。此一限制雖有其合理的基礎，但未必服人。第2項之限制則更為不當，因為幾乎所有法案皆與政府政策有關，而法案之提案權本為立法機關之職權，在此限制之下所有進入立法程序的議案，不是由行政機關所提出，就是經行政長官同意之立法會議員之提案，則要發生前述制衡制度所規定之情況恐怕不太可能，如此將使〈基本法〉第49條、第50條、第52條所規定之制衡機制，即解散立

註四　同上註，頁296。

法會及使行政長官辭職之規定形同虛設。

　〈基本法〉第49條就立法會議員提案權所設之限制，與民主憲政之理念並不符合，因其賦與行政長官在事前取得控制立法權之權力，因此九七之後香港政府仍將維持行政主導立法之局面。

第五章　香港特別行政區立法權與立法體制

在「一國兩制」下，香港特別行政區依照〈基本法〉之規定，在高度自治之範圍內享有充分的立法權，與目前香港的立法局只作爲港督制定法律的諮詢機構大不相同。行使立法權之機關，依〈基本法〉第66條的規定，係歸屬於香港特別行政區立法會。香港特別行政區作爲中共主權下領土之一部份和維持資本主義社會五十年不變的特別行政區雙重角色下，其〈基本法〉關於立法會產生之規定，除體現中共國家主權統一之需要，亦適度地兼顧了「一國兩制」下港人治港的原則。雖然此一制度有助於香港的安定和繁榮，但我們須認知中共的控制力還是會透過有形無形的方式滲入香港特別行政區，以求有效的統治。九七之後立法權和立法會的相關問題，是確保香港特別行政區政治發展、港人權益的重要機制，值得我們加以注意。

第一節　立法權的內容

中央政府全國人大擁有全國最高的立法權力，而香港特別行政區立法會在其授權下享有較高的立法權限，雖然中央政府對香港特別行政區仍保有一定的權力，例如有關國防、外交事項則專屬中央政府所有，非香港特行政區自治權限範圍內，但兩者立法權限的劃分與分工著實非常複雜。在此情況下，到底何種事項應該歸中央政府立法，何種情形又歸香港特別行政區立法，必須有一原則，根據〈基本法〉的規定，中央政府和香港特別行政區立法權限的劃分情形及關係，可以下三個面向加以來探討：

第一項　中央政府在香港特別行政區享有的立法權

中央政府之於香港特別行政區，於一定的範圍內，享有立法權限。在此範圍內，中央保留立法和修法的權力，並未授權給香港特別行政區立法會，所以立法會對中央未授權的範圍並無權加以立法。中央行使立法權限的範圍有下列情形：

一、香港特別行政區之設立和〈基本法〉的制定，均由中央全國人大依〈中華人民共和國憲法〉第31條之規定加以立法實行。而香港特別行政區的制度和政策、包括有社會、經濟制度、有關保障居民的基本權利和自由的制度，均以〈基本法〉之規定爲依據，換言之，香港特行政區不得制定有違反〈基本法〉上述規定的法律。

二、在香港實行的全國性法律，當然是中央全國人大立法之權限。根據〈基本法〉附件三之規定，在香港特別行政區實施的全國性之法律有下列：〈關於中華人民共和國國都、紀年、國歌、國旗的決議〉、〈關於中華人民共和國國慶日之決議〉、〈中央人民政府公布中華人民共和國國徽的命令〉、〈附國徽、圖案、說明、使用辦法〉、〈中華人民共和國國籍法〉及〈中華人民共和國外交特權與豁免權條例〉。同樣地，全國人大亦可對〈基本法〉附件三的法律加以修改，並繼續對香港特別行政區適用。

三、有關國防、外交和其他依〈基本法〉規定不屬於香港特別行政區自治範圍的立法權亦歸中央行使。全國人大常務委員會在徵詢其所屬的香港特別行政區基本法委員會和香港特別行政區政府的意見後，可對列於〈基本法〉附件三的法律作出增減，但並非所有的法律均可列入附件三，只有限於有關國防、外交和其他按〈基本法〉規定不屬於香港特別行政區自治範圍的法律。

四、〈基本法〉的解釋權屬於中央全國人大常委會，其修改權屬於全國人大，而全國人大常委會和國務院則享有〈基本法〉之修改提案權。

五、有關香港特別行政區第1屆政府和立法會以及臨時立法會的產生

辦法，也由全國人大通過決定制定，並設立香港特別行政區籌備委會及其預備委員會負責推動。此一部分香港特別行政區立法會無權涉足。

六、以上所述的事項，均是全國人大立法之權限。但〈基本法〉亦有加以限制的規定。例如全國人大常委會對〈基本法〉進行解釋前，應徵詢其所屬的香港特別行政區基本法委員會的意見。又如〈基本法〉的修改議案在列入全國人大的議程前，先由香港特別行政區基本法委員會研究並提出意見；〈基本法〉的任何修改，均不得同中華人民共和國對香港既定的基本方針相牴觸。

第二項　香港特別行政區所享有的立法權

香港特別行政區立法會所享有之立法權限是在中央政府所授與的事項範圍內，不得逾越。其所享的立法權具體包括以下：

一、香港特別行政區在高度自治範圍內的所有事務，都可自行立法，立法會可根據〈基本法〉的規定並依照法定程序修改和廢除法律。惟在手續上，立法會通過的法案，還要經過行政長官簽署、公佈，如此才算完成立法所需的手續，法律才能生效。

二、依〈基本法〉第23條之規定，香港特別行政區應自行立法禁止任何叛國、分裂國家、煽動叛亂、顛覆中央人民政府及竊取國家機密的行為，禁止外國的政治性組織或團體在香港特別行政區進行政治活動，禁止香港特別行政區的政治性組織或團體與外國的政治性組織或團體建立聯繫。以上規定涉及保障國家主權和政治制度不受侵犯與破壞，且維持香港特別行政區之繁榮，故〈基本法〉特別加以規定，要求立法會須立法加以禁止。此規定可以明顯看出是在為中共中央立法，乃中央政府為補充附件三規定在香港特別行政區實施的全國性法律之不足，藉此規定間接經由授與立法會此一任務性的職權，以維護中央人民政府的的安全及「一國兩制」的穩定實行，甚至藉以排除外國政治勢力的進入。1997年後，以此規定為法源而訂定的法律，勢必展現中共中央政府對香港控

制的另一面。中共急於成立欽命的臨時立法會的原因之一，就是爲了要即早制定本條所規定的國家安全法律。

三、香港特別行政區有〈基本法〉的修改提案權。香港特別行政區的修改議案，須經香港特別行政區的全國人民代表大會代表三分之二多數、香港特別行政區立法會全體議員三分之二多數和香港特別行政區行政長官的同意後，交由香港特別行政區出席全國人民代表大會的代表團向全國人民代表大會提出（第159條）。可見〈基本法〉修改議案的提案權並非香港特別行政區所獨自享有，仍須其他人員的同意和配合，況且，即使香港特別行政區提出〈基本法〉的修改案，仍須經全國人民代表大會通過。所以，香港特別行政區立法會在此諸多條件下所享有的是一個不完全的提案權，實不能充分反映其所代表的民意和應付日後香港特別行政區的變化。

四、香港特別行政區享有全國人大和全國人大常委會及中央政府所授予的其他權力(第20條)，所以，香港特別行政區之立法權仍有因中央之授與而增加之可能。惟此項授與的權力勢必是在符合〈基本法〉及中共治港政策所必需的大前提之下，額外地、彈性地再賦與立法會必要的權力。

五、附件二〈香港特別行政區立法會的產生辦法和表決程序〉第2條，已就立法會對法案和議案的表決訂定一些基本程序，但對於這些規定不夠完備的地方，在不違反附件二的規定和〈基本法〉的前提下，立法會有權自行訂定相關的議事規則，以利立法會會議的進行。而依附件二第3條之規定，2007年以後香港特別行政區立法會的產生辦法和法案、議案的表決程序，如需對附件二的規定進行修改，立法會有權加以修改，惟需經立法會全體議員三分之二多數通過，行政長官同意，並報全國人大常委會備案。

第三項　中央政府對香港特別行政區立法權之監督

中央政府得對香港特別行政區之立法權進行監督。香港特別行政區之立法權乃中央所授與者，因之香港特別行政區立法權之行使是否符合〈基本法〉之規定，是否逾越了中央的授權，應當由中央來監督。換言之香港特別行政區之立法權並非完全自主不受限制、監督的。此種情況表現於：

一、香港特別行政區立法機關制定的法律，均不得同〈基本法〉相牴觸，且須報全國人大常委會備案，但無須獲其批准。所以當香港立法會完成制定該法律的立法程序時，該法律即生效。

二、全國人大常委會在徵詢其所屬的香港特別行政區基本法委員會後，如認為香港特別行政區立法機關制定的任何法律不符合〈基本法〉關於中央管理的事務及中央和香港特別行政區的關係條款時，可將有關法律發回，但不作修改。經全國人大常委會發回的法律立即失效，但若該法律又經香港特別行政區立法會修改，則此修改後的法律應視為新制定的法律，重新報送全國人大常委會備案。一經發回的法律乃立即失效，除香港特別行政區之法律另有規定外，無溯及力。如此，則依失效前法律所作的法律行為，原則上不受影響，仍然繼續有效。但如香港特別行政區的法律有相反的規定時，從其規定。

三、2007年以後各任行政長官的產生辦法如需修改，須經立法會全體議員三分之二多數通過，行政長官同意，並報全國人民代表大會常務委員會批准（〈附件一〉第7條），而2007年以後香港立法會的產生辦法和法案、議案的表決程序，如需對〈附件二〉的規定進行修改，亦須經立法會全體議員三分之二多數通過與行政長官的同意，但只要報全國人民代表大會常務委員會備案（〈附件二〉第3條）。

四、全國人大常委會有權決定宣佈戰爭狀態或因香港特別行政區內發生香港特別行政區政府不能控制的危及國家統一或安全的動亂而決定香港特別行政區進入緊急狀態，中央人民政府可發布命令將有關全國性法律在香港特別行政區實施（〈基本法〉第18條第4項）。如此一來，將嚴

重地損害香港特別行政區之立法權限，也擾亂了香港特別行政區之法律
體系，這對香港特別行政區之影響是全面性的，甚至「一國兩制」的制
度都將面臨破壞殆盡之地步。我們認爲此一情況是大家所不願意見到的。

第二節　立法體制

第一項　立法會的定位

在「一國兩制」下，雖然保持香港大部分體制不變，但不可否認的
是，「一國兩制」有著不同於世上既有政治體制的觀念和法律原理。因此，
作爲中華人民共和國「一國兩制」之特別行政區下的立法機關，立法會
究竟在理論上的設計爲何？其和中共全國人大的關係又如何？和其他國
家的地方議會有何區別？日後運作實行的情況會如何？這一連串的問題
實在需要我們加以釐清，如此才能正確地對立法會作出正確的定位。

一、立法會是地方性的立法機關

依照〈中華人民共和國憲法〉第31條規定，「國家在必要時得設立特
別行政區。在特別行政區內實行的制度按照具體情況由全國人民代表大
會以法律規定」，在具有最高性的憲法上，中共體現了「一國兩制」特殊
的設計，並奠定「一國兩制」在憲法上的基礎。接著全國人大就依此憲
法的授權，制定並公布了〈基本法〉。依據中共憲法相關條文及〈基本法〉
之規定看來，香港特別行政區在全國行政區域劃分上，是在中共中央人
民政府即國務院領導下的一級地方行政單位。而立法會則是此特別行政
區的立法機關，性質上無疑是一個地方性立法機關。

二、立法會是享有高度立法權的地方性立法機關

立法會雖然是一個地方性立法機關，但是在「一國兩制」及〈基本
法〉之授權下，立法會所享有的立法權限和另一社會主義體制下的一般
地方各級人大或者民族自治地方的人大相比，無疑是一個享有高度立法

權限的地方性立法機關。依〈基本法〉之規定，立法會在自治的範圍內，可以制定自己的民法、刑法、商法等資本主義性質的法律，自成一套法律體系，中央的法律除〈基本法〉附件三所規定者外，均不能在香港特別行政區實行；而地方性人民代表大會如省、直轄市的人民代表大會和他們的常務委員會，雖然在不同憲法、法律、行政法規相牴觸的前提下，可以制定地方性法規，然其所實行的幾乎大部分的法律均為中央全國人大或人大常委會所制定者，所享有的立法權實在相當有限；而關於民族自治地方，〈憲法〉和〈民族區域自治法〉亦賦與其一定的自治權，〈民族區域自治法〉第19條規定，民族自治地方的人民代表大會有權依照當地民族的政治、經濟和文化特點，制定自治條例和單行條例，其立法權限雖較大於普通地方區域人大之權限，但仍然無法與享有高度立法權限的香港立法會相比。整體而言，國家法律在普通地方行政區域和民族自治地方都是有效的，唯香港特別行政區在「一國兩制」之設計下，有其獨特的法律和法律制度，在全國性法律中，除〈基本法〉附件三所規定者外，原則上不在香港特別行政區適用，可見香港特別行政區較普通地方行政區域和民族自治地方擁有較大之立法權限。以上的論述是在中共單一制國家結構形式的前提下所進行的，若和複合制國家的地方性立法機關相比較，則更可顯示出香港特別行政區立法會的一些特點。

三、立法會不同於複合制如聯邦制國家中的州立法機關

立法會雖然享有高度的立法權限，但不能與聯邦制國家下的州立法權限相比，此從權力的來源主體即可區分出相異之處。在聯邦制國家，茲以美國為例，聯邦政府的權力是由組成的各州所分割出來的，其他未歸聯邦擁有的權力，即剩餘權力則歸各州所有，聯邦政府不得侵犯各州所保留的剩餘權力，〈美國聯邦憲法增修條文〉第10條即規定：「本憲法所未授與中央或未禁止各州行使之權限，皆保留於各州或人民。」換言之，權力來源之主體為各州。但香港特別行政區在單一制國家結構下，其立法會所享有的立法權限，則是中央全國人大所授與的，授權的程度和範

圍，一依中央制定的〈基本法〉作規定，香港特別行政區本身並無固有權力，當然也不會有所謂剩餘權力之問題。總之，香港特別行政區的立法權和立法機關並不完全符合一般國家體制下的立法權和立法機關的概念，必須在「一國兩制」的原則下，才能認清其特殊意涵。

第二項　立法會的職權

香港特別行政區的立法機關爲立法會，依〈基本法〉第73條之規定，可將立法會行使香港特別行政區自治立法權的方式（職權）歸納爲下列幾種：

一、立法權

此乃立法會的根本權力。本條第1項規定：「立法會根據基本法並依照法定程序可制定、修改和廢除法律。」但是立法會的立法權並不是沒有限制的，只有屬於香港特別行政區自治範圍的事項，立法會才有權立法，而涉及國防、外交之事項則因不屬於自治範圍，所以立法會並無權制定。立法會議員行使立法權，須經一定的立法程序，分別爲：

(一)提出法律草案

〈基本法〉第74條規定，凡不涉及公共開支和政治體制或政府運作者，可個別或聯名提出，但涉及政府政策者，在提出前必須得到行政長官的書面同意。此一規定之內在精神係延續自〈皇室訓令〉第24條，該條規定：「關係到皇室在本殖民地收益之條例、投票、決議及問題，應由總督或總督允許或指定之人提出。」事實上，現行香港立法局的各項立法，大多由行政局的官守議員在行政局提出，沒有總督的認可，立法局的非官守議員乃無權提出增加香港財政支出的任何提案，故除了不屬於政府措施的私法案，立法局鮮少有自行提案者。除了立法會議員有法案的提案權（雖然不完整），〈基本法〉第62條第3款規定行政機關也可以「擬定並提出法案、議案、附屬法規」。

(二)審議法案

立法會議事規則由立法會自行制定，但不得與〈基本法〉相牴觸（第75條第2款）。此一規定精神與〈皇室訓令〉第23條規定相同，該條規定：「立法局為自己之議事程序制訂常規條例及法令，唯該等規則不得與英皇制誥及皇室訓令及其他訓示相忤逆」；此外，立法會審議法案時，立法會主席須將政府提出的議案優先列入議程（第72條第2項）。這可以確保行政管理工作的推行。

(三)表決通過法案

立法會通過法案、議案，依〈基本法附件二〉第2條規定，可分為四種形式。第一種為政府議案，經出席會議的過半數成員同意即可通過，這是為了保證政府行政的效率；第二種是對於重要議案，如通過行政長官產生辦法、立法會產生辦法和根據〈基本法〉第15條規定向全國人大提出香港特別行政區的修改〈基本法〉的議案，立法會必須有全體成員三分之二多數的同意。又，對於行政長官發回重議的法案也必須以不少於全體議員的三分之二多數同意，方得通過。這是為確保對於重大議案的慎重考慮。第三種是針對立法會議員的自律，對於「在香港特別行政區區內或區外被判犯有刑事罪行，判處監禁一個月以上」（〈基本法〉第79條第6項）或「行為不檢或違反誓言」（第7項）之立法會議員，得以立法會出席會議的議員三分之二多數通過，「解除其職務」或予以「譴責」；第四種是對於議員提出的議案，要分組計票通過。立法會將議員分兩個部份，一是經功能選舉者，一則由分區直接選舉和選舉委員會選舉產生者，根據〈彭定康政改方案〉，選舉委員會係由各區直選的區議員擔任，故前者代表各職業團體、後者則代表各地方基層民意。凡議員的提案，不論是議案、法案還是對政府法案的修正案，均須兩部份的議員各過半數通過。功能選舉的制度原在維護香港少數資產階級的利益，但經彭定康的改革之後，選民已達270萬人，已與區域選舉所差無幾，待立法會議員選舉全部過渡到區域選舉產生之後，分組計票的表決方式將可能於2007年後隨立法會議員對於立法會表決程序的檢討而有所更張。

㈣批准、公布法律

依照〈英皇制誥〉第10條的規定，立法局通過法案，須呈總督審閱，總督可以批准或拒絕批准或請皇室批准，除了十種必須上呈英國政府批准的法案，總督享有不受限制的法案否決權，但行政長官如果將立法會通過的法案於三個月內退回，立法會可以全體議員三分之二多數再次通過原案，此時行政長官則必須在一個月內簽署公布，若行政長官仍拒絕簽署，則可解散立法會，如果新選出的立法會仍通過了原案，行政長官倘使仍拒絕簽署公布原案，則要自動辭職。〈英皇制誥〉第8條又保留了英國政府批准香港法律的權力，該條規定：「皇室及其繼嗣人保留透過皇室之一名重要國務大臣駁回香港制定的法律的絕對權力」，但〈基本法〉則未賦與中國政府此一權力，香港特別行政區的法律只須報全國人大常委會備案即可生效，如果中央政府認爲立法會備案的法律牴觸了〈基本法〉與法定程序，則只能將該法律發回重議，發回重議的法律立即失效，但此一失效不溯及發回重議前的階段。

二、批准權

〈基本法〉第73條第2項和第3項規定，立法會根據政府的提案，審核、通過財政預算及批准稅收和公共開支。一旦立法會拒絕批准政府提出的財政預算法案，行政長官可解散立法會（第50條第1款），或向立法會申請臨時撥款，而如果由於立法會已被解散而不能批准撥款，行政長官可在選出新的立法會前的一段時期內，按上一財政年度的開支標準，代替立法會批准臨時短期撥款。〈基本法〉對於財政預算法案遭拒絕批准的情況，規定了一些由行政長官緊急決定的過渡方案，是爲了避免政府下一年度因經費短絀而無法運作，合法的財政預算法案仍須經一般立法程序，由立法會通過、行政長官簽署公布、報全國人大常委會備案。行政長官因財政預算法案遭立法會拒絕批准而解散立法會，重選的立法會若繼續拒絕通過所爭議的原案，行政長官則必須辭職（第52條第3項）。

三、監督權

〈基本法〉第73條第4、5、6項規定立法會監督行政部門的方法為：聽取行政長官的施政報告並進行辯論、對政府的工作提出質詢及就任何公共利益問題進行辯論。

四、彈劾權

目前，立法局為總督的諮詢機構，無權彈劾總督。未來立法會有制衡監督行政長官的地位，故〈基本法〉第73條第9項放入了彈劾此一最為嚴厲的監督手段，規定行政長官如有嚴重違法和瀆職行為，立法會可對之提起彈劾。〈基本法〉規定的彈劾程序分為兩個階段，第一個階段為彈劾案的提出，第二個階段則為彈劾的決定。在第一個階段，又可分為三個步驟：㈠由全體議員的四分之一聯合提出彈劾動議，經立法會通過進行調查；㈡由立法會自行調查彈劾事實或委託終審法院首席法官擔任主席負責組成獨立的調查委員會為之，向立法會提出報告；㈢如果獨立調查委員會認為有足夠證據證明行政長官有嚴重違法或瀆職行為，立法會以全體議員三分之二多數通過，可向中央人民政府提出彈劾案。彈劾案處理的第二階段，即為決定彈劾之是否成立，此一權限則屬於中央人民政府，因行政長官的任命權不論是形式還是實質的，都在中央人民政府手中，因此行政長官因彈劾而去職，亦要經過中央人民政府的免職程序。

五、任免權

〈基本法〉第73條第7項規定，立法會對終審法官和高等法院首席法官的任免有同意權。目前香港最高法院的法官，係由總督推薦並由總督遵照英皇經由外交及聯邦事務大臣頒布的訓令委任，無須徵求立法局的意見，〈基本法〉則將終審法官和高等法院首席法官任免的同意權交給香港本地的民意機關。

六、處理人民申訴權

〈基本法〉第73條第8項規定，立法會「接受香港居民申訴並作處理」，這亦是繼承自目前的制度，即香港居民若有任何冤情，可向立法局議員提出請願和申訴，行政局和立法局非官守議員辦事處亦公開接受居民的

申訴。

七、調查權

〈基本法〉第73條第10項規定，立法會「在行使上述各項職權時，如有需要，可傳召有關人士出席作證和提供證據」，但調查對象若爲政府官員或其他負責政府公務的人員，則行政長官得根據安全和重大公共利益的考慮，決定是否令其向立法會或其屬下的委員會作證和提供證據(第48條第11項)。

以上所述均是香港特別行政區所享有的立法權限，其權限範圍和自主性的程度均和港英政府治下的立法局大不相同，可以說具備了廣泛的立法權，不再是一個諮詢機構了。

第三項　立法會的組成

依〈基本法〉第67條之規定，立法會原則上是由在外國無居留權的香港特別行政區永久性居民中的中國公民所組成。但是考慮到香港爲一個國際自由港口，其居民國籍多元化和遵照「兼顧香港社會各階層利益」的原則，〈基本法〉第67條但書亦規定：「非中國籍的香港永久性居民和在外國有居留權的香港特別行政區永久性居民也可以當選爲香港特別行政區立法會議員，其所佔比例不得超過立法會全體議員的百分之二十」。立法會主席由立法會議員互選產生（第71條第1款），原本香港的立法局主席由總督兼任，〈彭定康政改方案〉免除了總督的兼任。立法會主席的當選條件爲「年滿四十周歲，在香港通常居住連續滿二十年並在外國無居留權的香港特別行政區永久性居民中的中國公民」（第71條第2款）。

〈基本法附件二〉對香港特別行政區立法會第一屆至第三屆產生辦法的規定，是直接選舉和間接選舉的混合。所謂直接選舉就是由全部選民一人一票選舉立法會議員，而間接選舉則又分二種：一爲功能團體選舉立法會議員，另一種則由廣泛代表性的選舉委員會選舉立法會議員。前面已說過第一屆立法會和臨時立法會的組成，第二屆立法會則由功能

團體選舉的議員30人、選舉委員會選舉的議員6人、和分區直接選舉的議員24人組成，但在第三屆，選舉委員會選舉的議員名額則歸入分區直接選舉的議員。此外，〈基本法〉第68條規定，立法會的產生辦法根據香港特別行政區的實際情況和循序漸進的原則而規定，最終達至全部議員由普選產生的目標。

第六章　香港特別行政區司法權與司法體制

〈基本法〉第81條第2款明定:「原在香港實行的司法體制,除因設立特別行政區終審法院而產生變化外,予以保留。」由此規定亦說明了未來香港特別行政區的司法制度具有以下兩項特點:

一、基本上保留香港原有的司法體制

考慮到香港與內地法制之明顯差異,原來在香港實行的司法體制,除因設立終審法院而產生的變化外,予以保留。這是香港特別行政區司法體制的首要特點。香港目前的法制屬於普通法系,內地則為社會主義法制。因此,就法律體系而言,香港法律主要是判例法,內地法律則為制定法;就法院組織體系而言,香港法院基本上分為五級,除了最高法院上訴法庭(又稱高院合議庭)、最高法院原訟法庭(又稱高等法院)、地方法院、裁判司署(附設兒童法庭)以外,還包括各種專責法庭和審裁處,組織上較為複雜。內地法院原則上是以行政區域為基礎,採四級制,設立最高人民法院、高級人民法院、中級人民法院和基層人民法院,而關於專業性強、機密性大的案件,則交由專門人民法院審理;就訴訟程序而言,香港實行原、被告的攻擊防禦,法官在審判過程中一般不主動調查,扮演的是消極仲裁者的角色,在內地,法官則可以主動對被告和證人進行詢問。因此,1997年以後,若以內地法制直接代替香港現有的司法體制,必然將使香港司法機關的功能陷於混亂,影響香港的安定繁榮,所以保持香港原有的司法體制基本不變,是〈基本法〉中關於香港特別行政區司法體制的重要確認。

二、香港特別行政區法院享有終審權

香港特別行政區享有終審權是未來香港司法體制中最特別的規定。

日後在香港特別行政區審理的案件，若當事人不服，提起上訴，將可由香港特別行政區終審法院做成終局判決，毋須上訴至北京最高人民法院。基本上，運用司法終審權將香港特別行政區的司法制度和內地的司法制度作一明確的劃分，將有利於香港特別行政區的司法獨立與高度自治。

惟從宏觀的角度來檢視整部〈基本法〉及其相關規定，便可了解到，1997年後的香港特別行政區其司法權所將面臨的是：香港特別行政區法院管轄權與內地法院管轄權的衝突應如何解決；〈基本法〉第158條第3款中，全國人大常委會對〈基本法〉之最終解釋權與香港特別行政區法院終審權於法制上是否存在著矛盾；全國性法律應如何適用在香港特別行政區而不侵害其高度自主權等諸多問題，其複雜性並非以現行法條中的文字即可加以統攝，而上述的法律問題將來能否突破，正是「一國兩制」實施的成敗關鍵。

第一節　司法權的內容

1984年〈聯合聲明〉第3點，首先確立未來香港特別行政區享有獨立的司法權和終審權及現行法律基本不變的原則。此項原則，在〈中華人民共和國政府對香港的基本方針政策的具體說明〉中，再次獲得確認。〈基本法〉下的司法權，即建構在此一原則上。

〈基本法〉中，司法權的相關問題，依第2條、第18條、第19條和第4節「司法機關」的規定，主要在釐清：

㈠全國人大授權香港特別行政區依〈基本法〉實行高度自治，享有獨立的司法權和終審權；

㈡香港特別行政區法院除繼續保持香港原有法律制度和原則對法院審判權所作的限制外，對香港特別行政區所有案件均有審判權；

㈢香港特別行政區法院對國防、外交等國家行為無管轄權。國家行為的法律事實認定權屬於中央人民政府；

　　㈣香港特別行政區法院獨立進行審判，並享有終審權，其終審權屬於香港特別行政區終審法院,即香港特別行政區法院具有管轄權的案件，經終審法院裁判後，即具裁判之確定力，無上訴或抗告之可能;

　　㈤香港特別行政區各級法院之法官根據當地法官和法律界及其他方面知名人士組成的獨立委員會之推薦，由行政長官任命。法官及司法人員履行審判職務行為不受法律追訴。終審法院與高等法院的首席法官則應由無外國居留權的香港特別行政區居民中之中國公民擔任;

　　㈥香港特別行政區各級法院之組織和職權由法律規定;

　　㈦香港特別行政區法院得與內地法院互為「司法協助」。但與外國法院的「司法互助」，則需有中央人民政府的協助或授權;

　　㈧香港特別行政區法院得適用的法律包含〈基本法〉、〈基本法〉規定的香港原有法律、香港特別行政區立法會制定的法律與〈基本法〉附件三中的全國性法律;

　　㈨〈基本法〉的解釋權屬於全國人大常委會;

　　㈩全國人大常委會授權香港特別行政區法院於審理案件時，關於香港特別行政區自治範圍內之事項有解釋權，而涉及中央人民政府管理的事務和中央與香港特別行政區關係之條款，其最終解釋權（〈憲法〉第31條）則屬於全國人大常委會。全國人大常委會所作的解釋對其後的判決具有拘束力。

　　歸納〈基本法〉中對司法權的規定可知，基本上香港特別行政區獨立的司法權、終審權與法院對自治範圍事項之司法解釋權皆屬單一國體制下，中央政府授與特別行政區的權力，而非如聯邦制下各邦之固有權。但相對於中共內地各級行政區及民族自治地方的各級法院，香港特別行政區法院享有終審權，其法院之裁判不受內地最高人民法院的監督（**註一**），這不僅是「一國兩制」下，〈基本法〉中司法權的一大特徵，也說明

註一　香港目前實行的民事管轄制度最大的特點是將民事案件分為「對人訴訟」和「對物訴訟」兩大類。香港法院在下列三種情況下，就「對人訴訟」具有管

了香港特別行政區與中央政府司法權限之劃分。

第一項　中央與香港特別行政區審判權限的劃分

關於中央政府與香港特別行政區審判權的劃分，依〈基本法〉第19
條第2項及第3項之規定，香港特別行政區法院除繼續保持香港原有法律
制度和原則對法院審判權所作的限制外，對香港特別行政區所有的案件
均有審判權。香港特別行政區法院對國防、外交等國家行爲無管轄權。
香港特別行政區在審理案件過程中遇有涉及國防、外交等國家行爲的事
實問題，應取得行政長官就該等問題發出的證明文件，上述文件對法院
有拘束力。行政長官發出證明文件前，須取得中央人民政府的證明書。
因此，以下分別就「中央政府享有之管轄權」與「香港特別行政區法院
之管轄權」，對中央與香港特別行政區審判權的劃分予以探討：

一、中央政府享有之管轄權

香港特別行政區法院管轄權的問題涉及到中央與香港特別行政區權
限的劃分，〈基本法〉第19條第3款明定香港特別行政區法院，對國防、
外交等國家行爲（act of state）無管轄權。即香港特別行政區法院不能
對與國家行爲相關之法律事實進行審判。

惟所謂「國家行爲」其意涵及範圍如何？基本上，因無明確的定義，
一般而言，國家行爲乃指一國在處理與他國之關係時（包含一國與他國
公民之關係），依據政策所爲之行政行爲。其中，國防和外交是最典型的
國家行爲。然而就香港特別行政區法院而言，依〈基本法〉之規定，除
國防、外交以外，下列三點亦屬中央政府的權力範圍，香港特別行政區

轄權：⑴被告身在香港，而法院的起訴文件在香港送達被告，或⑵被告自願
接受香港法院的管轄權，「任何人都可訂立合同，明示或默示地服從一個他本
來不必服從的法院的管轄權」，⑶被告在香港以外的地方，而法院根據〈最高
法院規則〉第11條，批准把起訴文件於外地送達被告。〈最高法院規則〉第11
條具體規定了香港法院在什麼情況下，可作出這種批准。而在「對物訴訟」
中，凡是訴訟標的物在香港的，香港法院皆有管轄權。

法院不具有管轄權：(1)中央人民政府任命香港特別行政區長官和行政機關主要官員的任命行為；(2)全國人大常委會對〈基本法〉附件三的法律為增減的立法行為；(3)全國人大常委會宣布香港原有法律和〈基本法〉牴觸無效的行為。

依〈基本法〉第19條第3款之規定，香港特別行政區法院在審理案件時，若遇到關於國家事實(facts of state)的問題，法院不得自行審判，必須取得行政長官就該問題發出的證明文件，才得以之作為審判的依據（即該證明文件對法院之裁判具有拘束力），而且行政長官在發出證明文件前，需取得中央人民政府的證明書，若該案件經中央人民政府認定，確實涉及國家行為，香港特別行政區法院即喪失其司法管轄權，不可繼續受理此案。

二、香港特別行政區法院的管轄權

關於香港特別行政區法院管轄權的範圍，依〈基本法〉第19條第2款規定的基本精神，香港特別行政區原有的管轄權保持不變，原有法律制度和法律原則所作的限制也續存。因此關於香港特別行政區法院管轄權的範圍可由目前香港法院司法管轄權所受的限制來加以確認。

目前香港的司法管轄權乃受普通法的限制，以下分別就民事管轄權與刑事管轄權說明之：

㈠民事管轄權

目前香港關於一般民事案件，法院並無一套普遍適用的管轄權原則，而是依具體案件的性質和類型來決定其法院的管轄（註二）。

㈡刑事管轄權

關於一般刑事訴訟案件，依據普通法，香港法院對於在香港地區發生的犯罪行為有管轄權；對於在香港地區以外的刑事犯罪行為，除個別法律授權外，無管轄權（〈基本法〉第19條第2款）。此外，依〈基本法〉

註二　蕭蔚雲主編，一國兩制與香港基本法律制度，北京：北京大學出版社，1990年5月，頁323。

第19條第3款之規定，日後香港特別行政區對國防，外交等國家行為無管轄權，而何種行為是國家行為，則由中央人民政府為最終之認定。

另外，隨著香港與內地往來的日益頻繁，兩方人民法律關係的越趨複雜，香港特別行政區法院與內地法院如就同一涉訟案件皆有管轄權，發生管轄衝突時應如何決定其管轄法院？就此點而言，以下亦分民事管轄衝突與刑事管轄衝突說明之：

㈠民事管轄衝突

在香港特別行政區與內地法院發生民事管轄衝突時，究竟應如何決定其管轄法院，關於此部分，可以參酌香港現行法與中共〈民事訴訟法〉中關於法院管轄的相關規定，並配合「司法協助」（註三）的方式求得解決。即：1.法律明定為專屬管轄者，由專屬管轄法院管轄；2.非屬專屬管轄的民事訴訟案件，數法院皆有管轄權時，得由當事人以協議定其管轄，即選擇管轄；3.若內地與香港特別行政區是某一共同國際協定的成員時，應依此國際協定的內容規定，決定該民事訴訟案件的管轄權。

㈡刑事管轄衝突

關於刑事管轄，前已述及受普通法的限制，香港特別行政區法院之刑事管轄權除有法律為個別授權者外，不及於香港地區以外的刑事犯罪行為。

第二項　中央與香港特別行政區
對基本法解釋權限的劃分

其次，〈基本法〉第158條對中央政府與香港特別行政區法院解釋權的劃分亦予以規定。依該條第1、2項之規定：「本法的解釋權屬於全國人

註三　〈基本法〉中將「司法互助」一詞用於不同國家之間，「司法協助」一詞則用於一國內部之不同法域之間，但在中共一般法律用語中皆概稱為司法協助。參見王叔文主編，香港特別行政區基本法導論，北京：中共中央黨校出版社，1990年10月，頁267。

民代表大會常務委員會。全國人民代表大會常務委員會授權香港特別行
政區法院在審理案件時對本法關於香港特別行政區自治範圍內的條款自
行解釋。」因此〈基本法〉的解釋權屬於全國人大常委會，但全國人大常
委會授權香港特別行政區法院在審理案件時，對於〈基本法〉中關於香
港特別行政區自治範圍內的條款有解釋權。據此規定，香港特別行政區
法院對〈基本法〉的解釋權，將受到下列兩條件之限制：(1)限於香港特
別行政區自治範圍內的條款；(2)僅能對具體案件而爲解釋。而依同條第
3項之規定：「香港特別行政區法院在審理案件時對本法的其他條款也可
解釋。但如香港特別行政區法院在審理案件時需要對本法關於中央人民
政府管理的事務或中央和香港特別行政區關係的條款進行解釋，而該條
款的解釋又影響到案件的判決，在對該案件作出不可上訴的終局判決前，
應由香港特別行政區終審法院請全國人民代表大會常務委員會對有關條
款作出解釋。如全國人民代表大會常務委員會作出解釋，香港特別行政
區法院在引用該條款時，應以全國人民代表大會常務委員會的解釋爲準。
但在此以前作出的判決不受影響。」所以，除將自治範圍內的解釋權授予
香港特別行政區法院外，〈基本法〉仍保留了全國人大常委會關於中央人
民政府管理事務或和香港特別行政區關係相關條款的解釋權，而且該解
釋權依〈基本法〉第158條之規定，乃香港特別行政區法院作出終局判決
前的先前解釋，對該終局判決具有拘束力，故有學者謂其爲「最終解釋」
（**註四**）。在〈基本法〉的起草過程中，「最終解釋權」應保留給全國人大
常委會或是授與香港特別行政區終審法院，產生許多不同意見。最後的
決定，則可由〈基本法〉第158條規定得知：最終解釋權仍保留在全國人
大常委會，但授權香港特別行政區法院對香港特別行政區自治範圍內的
條款，在其行使審判權時，有解釋權。由於〈基本法〉基於「一國兩制」
的體制，一方面爲維護國家主權的統一不會因最終解釋權授與香港特別

註四　蕭蔚雲主編，前揭書，頁320。

行政區終審法院而有被架空之虞（註五）；一方面又爲避免香港特別行政區法院不具司法解釋權而改變香港現有司法體制，故作出最終解釋權屬於全國人大常委會，終審權屬香港特別行政區法院的折衷規定。而香港特別行政區法院的終審權是否會受到全國人大常委會對基本法具有最終解釋權的影響呢？對此疑問，有學者認爲，只要法院具有終審權，對其所管轄的案件有最終一級判決的效力，又因與解釋權的性質究屬有別，所以全國人大常委會的「先前解釋」不能視爲對終審權的干預（註六）。但是我們認爲，普通法體系之所以發展出司法解釋制度，審判權與解釋權交由法院統一行使，其目的，即是爲確保司法權之完全獨立，避免因其他政治因素而干擾了司法的公正裁判。〈基本法〉第158條之規定，雖然亦可說是司法權在「一國兩制」特殊政治體制下的一種呈現，但是全國人大常委會的解釋權仍難謂對香港特別行政區法院之終審權無所干預。雖然香港特別行政區法院具有最終審判權，其判決具有終局效力，沒有任何機關可以撤銷，但是因爲〈基本法〉第158條第3款後段之規定香港特別行政區法院在引用該條款時，應以全國人大常委會的解釋爲準。所以如果香港特別行政區法院（包含終審法院）所作出的判決，違背全國人大常委會對該條款所之解釋，即等於違反了〈基本法〉第158條第3款之規定，而違背法令之判決自始無效，更毋庸論及是否可能被撤銷的問題。執此若認定全國人大常委會此種「先前解釋」不會影響法院之終審權，實難令人信服。又有謂依〈基本法〉第158條第4款之規定，全國人大常委會在對基本法進行解釋前，應徵詢其所屬香港特別行政區基本法委員的意見，即屬尊重港人意見者（註七）。惟此種徵詢結果對全國人大常委會解釋權之行使具有多少實質拘束力？最重要者，此六人縱然爲香港基本法委員，仍究非獨立行使司法權的法院，其意見又豈能代表法

註五 同上註。

註六 同上註，頁321。

註七 同上註，頁321-322。

院之意見? 基於以上理由, 我們認爲〈基本法〉作此規定, 在將來法規的具體實踐上, 必難脫離「跛腳終審權」之弊病。

在普通法體系下, 法院雖然對國家行爲亦無管轄審判權, 但卻可對是否爲國家行爲或國家事實作認定, 而〈基本法〉解釋權的劃分由於國家主權的過分強調, 限制了香港特別行政區法院對〈基本法〉的解釋權限, 結果造成在許多案件的審理過程中, 每遇可能涉及中央政府管理事項或與香港特別行政區有關之事項, 法院即必須等待全國人大常委會的解釋; 而另一方面, 全國人大常委會也必須緊密監視法院的審判過程, 視該案件是否屬於解釋上涉及國家主權的案件。此種規定不僅造成審理過程的拖延, 違背訴訟經濟的原則, 亦因國家權力的介入, 嚴重妨礙司法的獨立。因此我們認爲, 應在〈基本法〉中明訂〈基本法〉的解釋權屬於香港特別行政區法院, 使其在不牴觸〈基本法〉的大前提下, 對〈基本法〉中規定的事項皆有解釋權, 而基本法規定範圍外的事務, 在個別案件中若確實涉及中央人民政府管理事項時, 全國人大常委會才能對其解釋, 且此解釋不具溯及效力。如此, 不僅才能眞正確保香港特別行政區法院審判權的完整與司法獨立, 法院也不可能作出違反「一國兩制」下, 妨礙國家統一和主權的解釋, 且將更形彰顯香港特別行政區所具有的高度自主權。

第三項 香港特別行政區法律之適用

最後, 關於香港特別行政區法律適用方面的問題, 我們認爲亦有加以探討的必要。依〈基本法〉第8條之規定:「香港原有法律, 即普通法、衡平法、條例、附屬立法和習慣法, 除同本法相牴觸或經香港特別行政區的立法機關作出修改者外, 予以保留。」第18條第1項及第2項又規定:「在香港特別行政區實行的法律爲本法以及本法第八條規定的香港原有法律和香港特別行政區立法機關制定的法律。全國性法律除列於本法附件三者外, 不在香港特別行政區實施。列於本法附件三之法律, 由香港

特別行政區在當地公布或立法實施。」因此未來香港特別行政區法院在法
律適用方面所面臨的問題，可由「香港特別行政區自治性法律之適用」
及「全國性法律在香港特別行政區之適用」兩方面予以分析檢討。

一、香港特別行政區自治性法律之適用

香港原有法律是英國長期佔領香港近百年來逐步按大英帝國殖民海
外屬地的法律制度模式建立起來的。這種模式大抵爲：引進英國之法制，
結合當地地方習慣加以適用，在一定的範圍內（統治者可以容忍的，或
以此有利於殖民者）保留當地原有法律與習慣，並建立當地自己的立法
機關爲此屬地立法，但通常其立法不得英國本國立法相牴觸。

因此，九七前之香港原有法律制度，主要包括英國法（普通法、衡
平法、與制定法），香港政府的立法，以及英國佔領香港前〈大清律例〉
與香港本地之習慣。只是，這些法律經百年來的發展，傳統中國法律與
習慣適用的範圍自是日益縮小。而英國法例（立法與判決）及香港政府
之立法早已佔壓倒性優勢。不過香港法院之判例仍可見到適用中國傳統
習慣的判決（**註八**）。香港的這種法律制度，有以下三點特徵（**註九**）：

㈠它是以英國的習慣法爲基礎的法律制度，屬於普通法體系；

㈡它的主要作用在維護英國對香港地區的統治與控制；

㈢它爲適應香港自由港的特殊地位需求，利於促進金融、航運、商
業、以及貿易等的商事法在香港得到最充分的發展。

香港原有之法律制度，大抵無法脫離其殖民色彩，且因被殖民統治
而造成之多層次多種法律並用之混合法制（**註十**），儘管傳統中國法律與
習慣適用的比例已因時日變遷而越漸微小。此外，香港因自由港貿易需
求而獨盛之商事法，及其以「經濟實體」地位單獨加入許多國際經貿組
織所簽訂的條約，也是香港原有法律中特殊而不容忽視的一環。因此，

註八 同上註，頁44-45。
註九 李澤沛主編，香港法律概述，香港：三聯書店有限公司，1988年，頁23。
註十 蕭蔚雲主編，前揭書，頁80-81。

香港的法律是多元性的，爲香港特有的歷史背景、地理環境之獨特產物。九七以後，只要香港現行法律不與〈基本法〉牴觸或不被香港特別行政區立法會修改者，均屬有效。以下分別就香港現行各種不同的法律及其淵源，依時間的先後、位階的高低予以說明：

㈠中國傳統法律與習慣

在英國未強占香港之前，香港原屬淸廣東省新安縣管轄。此際適用於香港之法律，爲淸朝之〈大淸律例〉及非成文的傳統中國習慣。1840年，英國發動第一次鴉片戰爭，中方失利後，1841年，中方代表琦善與英國海軍上尉義律和談，私下簽署〈穿鼻草約〉同意割讓香港（註十一），英國自此佔領香港。1841年，義律頒布兩項公告，第1號公告中即宣布：「……在未獲女皇陛下進一步指示之前，香港島上的原住民，以及所有旅港中國人，均受中國的法律與習慣拘束，所有拷打刑罰除外」。這公告保證了香港居民可保留他們原有的宗教儀式及社會習慣，不因英國之殖民而有太大的不同。因此，當時的中國習慣與法律在香港被保留了下來，直至1844年香港立法局開始制定法律爲止（註十二）。

爲了英國統治的殖民政策需要，英國在強行要求中國割讓香港成爲英國殖民地的同時，承認了中國法律與習慣對香港中國居民的繼續適用。此一方針，係英國方便殖民統治之一貫統治模式（註十三）。但，究竟那一

註十一　其後中英雙方皆不滿草約之內容，而有1842年中國第一個不平等條約〈南京條約〉之簽訂。參照本書第一章。

註十二　楊鐵樑，香港的法律制度及其演變，收錄於黃炳坤主編，「一國兩制」法律問題面面觀，香港：三聯書店有限公司，1989年7月，頁57。

註十三　香港爲英國的「割讓和佔領殖民地」（非「移民殖民地」），自然受到英國對殖民方式及法律適用基本原則的影響。大抵而言，英國在殖民地適用法律的基本原則如下：
　　⑴英國法原則上全部適用於殖民地，但必須遵守一定程序及受一定的限制；
　　⑵承認殖民地原即有效的法律與習慣，但習慣部份一般只限於屬人法領域，從而確立雙重法律體制。

種中國法律（何時的中國法律）適用於香港，此問題在香港亦迭有爭議。一說認爲香港應適用1843年（清道光23年）之中國法（〈大清律例〉及當時之習慣），因爲香港自1843年4月5日，才建立起自己的立法機關。另一說則認爲，香港應適用1841年的〈大清律例〉及當時的習慣法，因義律是在1841年公告宣布中國法律與習慣對在香港的中國居民繼續有效（**註十四**）。目前以後說爲通說。無論如何，自此，香港法律或多或少保留了順治4年（1647年）即制定之清朝法典〈大清律例〉（全名〈大清律集解附例〉，以刑事法爲主）以及法典未規定之有關繼承、契約、土地權益等在廣東一帶流傳之民間地方習慣。

這種保留中國傳統法律與習慣，但由殖民地司法機構審理、執行之原則確立後，反映在各項條例和法律判例之中。諸如：

(1)條例

1844年至1873年歷次之〈最高法院條例〉，雖未直接明示保留中國法律與習慣，但其對適用香港的英國法之限制，即間接留給傳統中國法生存、適用之空間。該條例規定，自英國在香港成立立法制度之日（即1843年4月5日）起，一切當日已生效之英國法均適用於香港，除了兩項例外：a.如該英國法律對香港情況或居民不宜應用之時；或b.該英國法律經香港立法機構刪改時，則當別論(**註十五**)。前項例外即指於英國法不適用於香港時，仍適用傳統中國法。

1901年頒布之〈新界條例〉，是保留傳統中國法之規定較爲集中的一項地方立法。該條例第13條保留了新界土地方面適用傳統習慣之權利，

---

(3)賦予殖民地代表機關，在總督控制下的較廣泛的立法權，但英國國會和英國政府仍握有最後的決定權。

以上原則於各地實際適用仍有差異（如香港之立法即較特殊）。參見K. Robert-Wray, Commonwealth and Colony Law, London, 1966, p.139-142, 534-548, 間引自蕭蔚雲主編，前揭書，頁45-47。

註十四 李澤沛主編，前揭書，頁29。

註十五 同註十二。

保留了宗族（堂）土地和祭祀祖宗之土地等的權益（註十六）。

　　與婚姻、遺囑繼承等有關之條例也多涉及傳統法律習慣。如1852、1857、及1932年之〈婚姻條例〉，均一面規定英式（基督教）婚，一面承認中國傳統習慣之婚姻(註十七)。但自1971年起，香港即進行一系列法律改革，如制定〈婚姻改革條例〉、〈無遺囑遺產條例〉，廢止納妾和只許子嗣繼承等過時之傳統中國法律與習慣，使傳統中國法律與習慣在香港的適用效力漸減。

　　⑵判例

　　除地方立法外，香港許多著名判例也肯定並論證中國法律與習慣之保留。如1915年何子貞訴何宴式一案，保留了關於無遺囑死亡之中國人租借財產移轉之分配適用傳統中國法之規定(註十八)。另1969年，香港另一判例也採用1843年已實際存在之傳統習慣，如對無遺囑死亡的財產要求(註十九)。又，直至1983年，香港高等法院審理的一宗家庭財產繼承案中，還涉及清律及舊有習慣之「兼祧」（獨生子同時爲自己父母及伯、叔父之繼承人）的要件與法律效果，判決書中並明白引用清朝舊律及習慣（註二十）。值得注意的是，傳統中國法律（主爲〈大清律例〉）及習慣雖被保留在香港法律體系中，但因香港資本主義經貿之快速發展，日益不合時宜的傳統中國法適用部份，也逐漸縮小而越發不重要（註二一）。

註十六　香港立法局承認新界某些土地，傳統即屬該地世居族姓居民所有（且這種所有權爲周圍居民所共認者），並寫入〈新界條例〉，規定「最高法院和地方法院對涉及新界土地的任何訴訟，法院有權承認和執行這些土地的中國習慣和習慣權利」。李澤沛主編，前揭書，頁34。

註十七　蕭蔚雲主編，前揭書，頁73。

註十八　赫同，香港適用的中國習慣法，國際與比較法季刊，1962年1月號，頁238，間引自蕭蔚雲主編，同上。

註十九　李澤沛主編，前揭書，頁34。

註二十　楊鐵樑，前揭文，頁61-62。

註二一　此外，香港刑法之刑罰規定，也可看到中國法殘留之影響，如笞刑。不過，現今香港此刑只由懲教署適用於某類特定案件或青年人身上，事實上很少適用。同上，頁59。

㈡英國法於香港的適用

根據英國憲法理論，英王和英國會對其海外屬地擁有主權。因而，理論上，全部英國法均可在各屬地上適用。但於各不同類型的屬地，乃至於因應個別不同屬地之特殊需求，英國法律之適用也有不同的限制(註二二)。

英國法的體系大異於以羅馬法爲根源發展的大陸法系，爲一非以成文法典爲主之判例法體系，一般稱之爲普通法或習慣法，以及衡平法（Equity），另也有日益重要的制定法部分(近代意義的制定法，主要指國會制定法及附屬立法)。以下分別就英國法在香港適用之情形，按其法位階性及其法律淵源性質之不同，分別予以討論：

⑴香港憲法性法律之規定

於此所指憲法性法律指英國強佔香港後頒布之構成香港政制和法律制度的幾個主要文件。最重要者即爲〈英皇制誥〉及〈皇室訓令〉；此外，1841年之以英皇制誥形式頒布的〈香港憲章〉及戰爭及殖民地大臣〈致砵甸乍訓令〉、以及〈義律公告〉和〈殖民地條例〉，也被認爲具有憲法的意義（註二三）。

⑵普通法與衡平法

根據1844年香港〈最高法院條例〉規定，英國法適用於香港，當然也包括了普通法與衡平法。事實上，於1966年以前，歷次的〈最高法院條例〉均是將整體的英國法，以一個一般原則來整體規定。因此，使得體系繁複包括「判例法」和「制定法」在內的英國法在香港的適用，產生了除了其限縮的「適合性」問題之外的另一個「時間性」問題。

因爲普通法與衡平法作爲一以判例原則爲先例遵循適用形式的法律，判例的適用實爲一動態的不可分割的整體。要如同制定法一般可自某年月日開始其適用、不適用，誠屬不易。將之與制定法同樣適用「1843

註二二　蕭蔚雲主編，前揭書，頁47。
註二三　李澤沛主編，前揭書，頁24。

年4月5日」此一時限，造成實務上極大困擾（註二四）。

因此，1966年〈英國法適用條例〉，取代了歷年的〈最高法院條例〉，刪除了時限的規定，且區分制定法與判例法之適用。承認既存的普通法判例於1843年4月5日之後者，對香港法律適用並非無效，只是「不適宜香港地方情況及居民者除外」，此一適宜性標準仍在（註二五）。

對「適宜性」之解釋，有英國海外屬地司法機關所公認的標準：若實行某項英國法律會帶來明顯的「不公正」和「壓迫」，則此法律即為不適宜。但「不公正」和「壓迫」本身仍是一抽象而富彈性的概念，仍可做出不同的司法解釋和實踐（註二六）。由香港實務觀之，大多適用於香港中國居民有關婚姻、繼承、家庭等屬人法的領域。

總而言之，香港適用於英國普通法與衡平法此種判例法的一般原則，即在法定適用條例的限制下，除不適宜於地方情況及居民的部份者外，這兩種法律的主要部份皆能適用於香港（註二七）。關於英國何級法院判決可適用於香港，原則上，根據香港合議庭（Full Court）（後改為上訴庭 Court of Appeal）的意見，只有英國上議院（House of Lords）和樞密院司法委員會的判例，才能成為對香港具拘束力的判例法，不再有時

註二四　此爭議之處理，以香港法院的實踐來看，存在以下幾種標準：
　　　　1. 以條例規定之1843年4月5日為準；
　　　　2. 以歷年〈最高法院條例〉和1966年〈英國法適用條例〉之生效日為準；
　　　　3. 以法院最初考慮個別規則適宜性與否的日期；
　　　　4. 以引起訴訟發生之事實產生的日期；
　　　　5. 以法院判決之日為斷。
　　　　蕭蔚雲主編，前揭書，頁64。
註二五　不適宜的部份若無判例法補充，自為由中國傳統法律習慣加以處理的部份。
註二六　此一原則係1875年海峽殖民地（英屬南洋之舊稱，包括新加坡、馬來亞和檳榔嶼）之最高法院（位於新加坡）於判例中確立者，得到英樞密院的批准。
註二七　蕭蔚雲主編，前揭書，頁63-66。

間的限制。此外，大英國協其他成員判例，倘其解釋普通法上與香港法院採取基本相同的方法，則該國判例在香港也被認爲具拘束力(**註二八**)。

(3)制定法

承前所述，制定法在香港之適用，主要可依其時間之不同，分爲兩部份：

第一部份1843年4月5日以前之制定法

依前述歷年的〈最高法院條例〉，此部份之制定法除不適宜香港地方情況及其居民或經香港立法機關修改者外，適用於香港。因在英國殖民香港前所制定之法，自未考量香港之特殊需求，其不適宜者或爲全部或一部，易生爭議。故1966年之〈英國法適用條例〉，則改採「列舉」方式，將此部份仍適用於香港之制定法一一列出，並明指全部適用或僅部份適用。據〈香港法律彙編〉(HKL)1971年版之統計，屬此部份而仍適用於香港之法律尚有34項。

第二部份1843年4月5日以後之制定法

部份之英國法令，係以以下幾種方式適用於香港：

1.經樞密院命令規定；

2.經國會其他法令的規定，而使原本不適用於香港的規定，效力擴展至香港；

3.由法令本身明確或隱含的規定，適用於香港者。如〈國籍法令〉雖未明示適用於香港，但在香港適用則不會引起爭議；

4.經香港立法機關通過的相應條例的規定而使用。

且據〈英國法適用條例〉之規定，以上之英國制定法在港適用，仍應服從原在港適用之樞密院令，國會法令及香港立法機關條例的修改(**註二九**)。

大體而言，英國制定法在香港的適用規則和程序，體現了英國間接

註二八 李澤沛主編，前揭書，頁34-35。

註二九 蕭蔚雲主編，前揭書，頁68-70。

統治的形式特徵。其直接立法之數量對於地方立法機關制定的條例而言，乃是相當少的。

㈢香港當局的立法及判例

根據〈英皇制誥〉和〈皇室訓令〉的授權，在總督的掌控下，香港政府擁有廣泛但亦受有限制的立法權。嚴格言之，香港立法局並不「制定」法律，只是「贊同」和「通過」法律。總督有最後決定權，英國政府也有駁回已通過之條例使之廢除的權力。〈皇室訓令〉並明訂十種重要法案，必須事先得到英皇的指示，總督才可批准，且條例不得與適用香港之英國法令相違背。最明白顯露香港立法的受限性者，即如香港立法局所制定的條例之前，均需冠以「香港總督經立法局的建議和同意制定」之措詞（〈皇室訓令〉第25條）。

在條例之外，香港之地方立法還有統稱為附屬立法的行政法規或由立法局授權立法之各種規程、規則、細則等較低層次的地方立法。附屬立法在一定程度上受法院管束，超過授權範圍的規則，法院可宣布其無效而不予執行，亦收於〈香港法律彙編〉。

除了制定法之外，香港本地也會產生本地的判例法。當然，香港本身的判例法係建立在英國判例法之上。自1905年起，香港開始建立案例記錄制，將重要判例收錄於香港〈判案匯報〉（HKLR），至今已超過一百多冊。香港之上訴法院的判決對所有下級法院具拘束力，下級法院必須遵守上級法院的判決；但地院一級，法官不受法院先前判決之拘束；另外，裁判司署只受最高法院和上訴法院的判例拘束。

值得一提的是，除了遵循英國判例法的原則之外，香港本地的判例也承認了對中國傳統法律及當地居民習慣的適用，並建立了適用習慣法的原則（**註三十**），而使之成為香港判例法之一部份。

註三十　關於此一原則之適用，主要有三條件：

　　1.這個習慣從法律記憶時起，已繼續存在。一般假定至少在1843年以前存在。

㈣國際條約

由於香港身爲自由港及國際貿易、金融中心的重要經濟實體地位，使得英國爲香港適用國際條約以及加入國際組織的態度，大異於其他英國的割讓、佔領的殖民地（註三一）。爲了英國的在港利益（註三二），英國容許香港以英國屬土成員的身份，甚至經濟實體身份，自行決定對外經濟政策甚至採取與英國不同的立場。其國際法上的地位類似於戰前的自治領。

因此，適用於香港的國際條約，一方面是由英國政府將其爲履行國際條約而制定的立法適用至香港，使香港亦受拘束。另一方面卻爲香港自己或由英方代表香港單獨參與國際組織至或條約之活動，而簽訂適用於香港者。有關於香港適用國際條約的問題，詳見下一章。

二、香港特別行政區全國性法律之適用

法律的適用問題和一國之統治權範圍，有密切不可分的關係。香港特別行政區既然是中華人民共和國領土的一部份，是中國主權所及的領域，在法理上自應適用中華人民共和國的一切法律。惟在「一國兩制」的政策下，香港特別行政區乃爲實行資本主義法制，具有高度自治的特別行政區。依據〈基本法〉第18條第2款之規定，「全國性法律除列於本法附件三者外，不在香港特別行政區實施。凡列於本法附件三之法律，由香港特別行政區在當地公布或立法實施。」字面上雖然已排除〈基本法〉附件三以外之全國性法律在香港特別行政區之適用，惟在具體事實的實

2.此習慣是實在的、普遍被承認的，並對一定範圍之人有拘束力。

3.此習慣非由暴力形成亦非毫無道理，且不違背現行法律原則。

詳見同註十九。

註三一 有將殖民地區分爲居留、移民殖民地(colonies of settlement)以及割讓、壓榨之殖民地(colonies of exploitation)。英國對香港，明顯屬於後者。

註三二 根據1972年2月24日新聞週刊(Newsweek)的估算，英鎊約有二分之一的支撐力來自香港。此外，香港之金融、海空、運輸與石油網上之地位均帶給英國不可勝數之利益。

踐上，仍有下列二個疑點尚未釐清：一、〈中華人民共和國憲法〉在香港特別行政區的適用問題。二、〈基本法〉第18條第3款規定全國人大常委會將在徵詢其所屬香港特別行政區基本法委員會和香港特別行政區政府的意見後，得於國防、外交和其他按本法規定不屬於香港特別行政區自治範圍內之事項，對附件三的法律作出增減，惟所謂「其他不屬於香港特別行政區範圍內之事項」其意義爲何？我們認爲值得更進一步地探討。

㈠中共憲法在香港特別行政區的適用

在香港特別行政區法律適用之有效原則的探討中，已述及〈基本法〉乃香港特別行政區的「根本大法」，也是確保1997後香港社會續行資本主義制度，享有高度自治權的基本法律依據。正因如此，每當論及中共與香港特別行政區關係時，中共憲法是否能在香港特別行政區適用，及其如何適用，便成爲很重要的問題。學者間對此問題或有不同見解，但我們以爲，應從法理上及具體實踐兩個層面來加以探討。首先，從法理上而言，憲法乃一國之根本大法，在法位階上，具有最高的法律效力，與憲法牴觸的任何法律皆屬無效，而憲法也是一國主權的表現，主權對內具有最高性和統一性，一切內國法皆屬主權作用的延伸。在「一國兩制」的架構下，中共憲法第31條與第62條第13項雖然授與香港特區毋庸實行社會主義政治體制的高度自治，但〈基本法〉第1條即明白宣示，香港特別行政區是中華人民共和國不可分離的部份，以強調國家主權的統一性。再者，〈基本法〉乃由中共憲法授權全國人大制頒，其位階爲「基本法律」，究非憲法。因此由法理而言，中共憲法自得適用於香港特別行政區，固不待言。其次，就具體實踐而言，既然中共憲法已明白授權全國人大制定〈基本法〉，保障香港社會原有之資本主義制度，今若再以一部社會主義憲法直接適用於其中，必然與香港特別行政區的高度自治權發生牴觸，故就中共憲法在香港特別行政區的具體適用而言，應限制在下列三個條件之上，才不致侵害到香港特別行政區的高度自治：⑴憲法中象徵國家主權的國家機關其法律地位的規定。如：憲法第57條對中華人民共和國

全國人民代表大會是最高國家權力機關的規定；(2)憲法中象徵國家主權的規定。如：憲法第 136條關於國旗的規定；(3)憲法中基於國家主權之行使所賦予國家機關的職權規定。如：憲法第62條第14項關於全國人大宣戰、停戰權行使的規定。

以上三項均爲憲法中宣示國家主權的重要規定，在「一國兩制」的「一國」下，自應適用於香港特別行政區。除此之外，憲法中關於維護社會主義制度的規定均與香港特別行政區自治權限牴觸，自不應適用。

總之，在探討中共憲法於香港特別行政區之適用問題時，必須掌握「在統一主權的基礎上保障香港特別行政區的最大自治權限」的原則，將來面臨憲法與基本法適用上衝突時，才可作出符合法理的適當解釋。

(二)憲法以外全國性法律在香港特別行政區的適用

〈基本法〉第18條第3款爲有關全國人大常委會對〈基本法〉附件三內容爲增減之限制規定。該款後段明示，任何列入附件三的法律，限於有關國防、外交和其他按本法規定不屬於香港特別行政區自治範圍的法律。惟有疑問者，乃所謂「其他按本法規定不屬於香港特別行政區自治範圍的法律」，在〈基本法〉中事實上並未作一明確之規定，若任憑全國人大常委會之解釋，將使中央當局很容易藉由權力之運作，而介入香港特別行政區的地方性事務，因此我們認爲有對其範圍作一歸納性說明之必要。

在處理憲法以外全國性法律在香港特別行政區能否適用的問題時，關於國防、外交事務法律的適用性固然法有明文（〈基本法〉第18條），其他全國性法律之適用，我們以爲亦應從「國家主權」與「特區自治權」的雙重角度來加以界定：

(1)憲法明訂而據此制定的全國性法規。如〈中華人民共和國政府關於領海的聲明〉，自應在香港特別行政區適用。

(2)〈基本法〉中直接規定適用之全國性法律，自應在香港特別行政區適用。

(3)香港特別行政區參與國家事務管理時，所應依據的全國性程序性法律。如〈香港特別行政區全國人大代表的產生方式〉，亦自應在香港特別行政區適用。

如果依據上述的三點作爲將來全國人大常委會增減附件三內容之準據，相信在「一國兩制」的主權宣示下，全國性法律在香港特別行政區之適用，方不致造成對其高度自治權限的侵害。

第二節　司法體制

〈基本法〉第81條第2款規定：「原在香港實行的司法體制，除因設立香港特別行政區終審法院而產生變化外，予以保留。」因此，未來香港特別行政區的司法體制具有以下兩點特徵：

一、基本保留香港現有司法體制

就〈基本法〉第4章第4節「司法機關」之規定而言，保留香港現行司法體制的內容主要包含：(1)原高等法院以下的法院、法庭體系維持不變；(2)法官以外的其他司法人員，其任用制度不變；(3)原在香港任職的法官和其他司法人員均可留用，其年資予以保留，薪金、津貼、福利待遇和服務條件不低於原來的標準；(4)退休或符合規定離職的法官及其他司法人員，包括香港特別行政區成立前已退休或離職者，不論其所屬國籍或居住地點，香港特別行政區政府按不低於原來之標準，支付其退休金、酬金、津貼和福利費；(5)法院獨立審判原則和陪審制度不變；(6)香港特別行政區的刑事訴訟和民事訴訟中保留原在香港適用的原則和當事人享有的權利等六方面。

二、香港特別行政區法院享有終審權

目前香港地區雖設有最高法院，惟依照英國〈規定對香港最高法院上訴的樞密院令〉(Order in Council Regulating Appeals from the Supreme Court or Court of Appeal for Hong Kong to His Majesty in Council) 之規定，如對香港最高法院上訴庭的判決不服，仍可向設置於英國倫敦的樞密院司法委員會提起上訴，亦即樞密院司法委員會才是香港司法案件之終局裁判機關。1997年後，依〈基本法〉之規定，香港特別行政區將設置終審法院，為香港特別行政區司法案件的最終裁判機關。屆時，香港特別行政區的司法終審權將由終審法院行使，既不屬於英國樞密院司法委員會，亦不屬於中共最高人民法院。

此外，〈基本法〉第81條第2款所指之「司法體制」係指香港原有之審判機關、檢察機關、司法行政機關（如香港特別行政區律政司、廉政公署等）和律師制度而言。惟檢察機關、司法行政機關於〈基本法〉第4章第1、2節中已予規定，文中亦於「行政體制」一節中加以探討，故不再贅述。此處將就〈基本法〉第4章第4節「司法機關」之規定，分「法院之組織」、「法官之選任」與「律師制度」三部份予以論述。

第一項　法院之組織

〈基本法〉第81條第1款規定：「香港特別行政區設立終審法院、高等法院、區域法院裁判署法庭和其他專門法庭。高等法院設上訴法庭和原訟法庭。」據此規定，未來香港特別行政區的法院組織大致與現行體制相同，惟在兩方面有所差異：一是終審法院的設立；二是法院名稱的改變。以下以圖表比較說明之：

第二項　法官之選任

目前香港法官的選任因其職務的不同，可分為兩種方式。最高法院法官、高等法院法官、首席按察司、上訴庭按察司等高級司法人員由港督根據英王通過外交及聯邦事務大臣所頒發之指示而委任；地方法院法官、裁判司署中之裁判司及其他司法人員則由港督直接委任。此外，法官的免職程序亦可分為兩種。最高法院法官、高等法院法官及地方法院法官的免職，根據〈英皇制誥〉之規定，只有在下列三種情形才能終止

今日香港法院體系		香港特別行政區法院體系	
樞密院司法委員會		終審法院	
最高法院	最高法院上訴庭 最高法院原訟庭 （高等法院）	高等法院	高等法院上訴庭 高等法院原訟庭
地　方　法　院		區　域　法　院	
裁判司署法院		裁判署法院	
專門法院	土地審判處 兒童法院 勞資審裁處 小額錢債審裁處 死因裁判庭	專門法院	目前名稱未定

其職務：(1)達法定退休年齡；(2)法官自行辭職；(3)因疾病或其他原因無力履行職責，或因行為不檢，被港督免職。惟第三種情況，港督在將法官免職前，應命一由英國協高級法官組成之審議庭進行調查，並由審議庭向港督提交報告，報告結果若建議將該法官免職，港督仍需進一步呈交樞密院考慮，經樞密院同意後，方得免除該法官之職務。裁判司及地方法院其他司法人員則不受上述規定之限制，大多數的裁判司及其他司法人員乃以簽訂合約方式聘任，因此合約期滿後，由港督決定其去留；即使合約未期滿，香港政府也可根據合約中的條款，預先通知後，予以解聘。

　香港特別行政區法官之選任，依〈基本法〉第88條規定：「香港特別行政區法院的法官，根據當地法官和法律界及其他方面知名人士組成的

獨立委員會推荐，由行政長官任命」。惟依〈基本法〉第90條第2款之規定，終審法院及高等法院首席法官之任命，除上述程序外，尚須由行政長官徵得立法會同意後，報請全國人大常委會備案。關於法官的免職，〈基本法〉第89條規定：「香港特別行政區法院的法官只有在無力履行職責或行爲不檢的情況下，行政長官才可以根據終審法院首席法官任命的不少於三名當地法官組成的審議庭的建議，予以免職。」而終審法院法官及高等法院首席法官之免職，依〈基本法〉第90條第2款之規定，還需由行政長官徵得立法會之同意後，報請全國人大常委會備案。

在法官的擔任資格方面，就香港目前最高法院法官而言，必須具有大律師資格，並至少有10年之法律專業經驗；地方法院的法官，則必須有大律師或律師資格及至少5年的法律專業經驗；至於裁判司，只要香港本地法律界人士，具有5年法律專業經驗，而且年齡不低於30歲，即可擔任。未來香港特別行政區法官的資格，依〈基本法〉第90條、第92條和第93條第1款之規定，包括以下三點：⑴香港特別行政區終審法院和高等法院的法官，必須由無外國居留權的香港特別行政區永久居民中的中國公民擔任；⑵香港特別行政區的法官和其他司法人員，應根據本人的司法和專業才能選用，並可從其他普通法適用地區聘用；⑶香港特別行政區成立之前，在香港任職的法官和其他司法人員均可留用。

第三項　律師制度

香港的律師制度源於英國。目前香港的職業律師分爲大律師（出庭律師）和律師（小律師、事務律師、訴狀律師）兩種，兩者的區別主要在於工作性質的差異。大律師的工作主要是受理高等法院以上之繫屬案件，並出庭辯護；律師則是以訴狀文件的處理及開庭前的籌備工作爲主，也可在地方法院或裁判司署擔任出庭辯護。當事人不能直接延請大律師爲其辯護，必須先請律師，再由律師去延請大律師。擔任大律師達10年者，可申請擔任皇家御用大律師，其職務內容與大律師相同，惟地位和

律師費則較一般大律師爲高。

　　現階段香港律師及大律師資格的取得，首先必須先取得香港大學法學士學位(或英國及英國協成員國大學的法學士學位)；之後在香港大學深造一年，取得法律深造文憑；如欲成爲律師，必須在律師事務所實習兩年，期滿後向最高法院申請爲執業律師；如欲成爲大律師，則必須在大律師辦公室實習一年，期滿後向最高法院申請爲大律師。律師及大律師平常分別透過律師公會與大律師公會來加強彼此間的聯繫，同時也透過此公會組織對律師及大律師的執業行爲進行監督。

　　香港目前除上述自行執業的律師外，亦有受雇於政府部門的律師，包含在律政司署、法律援助處和註冊總署工作的律師。律政司署管理所有涉及政府的法律事項、法律的推行與保障社會利益。律政司署以律政司（檢察長）爲首，下設法律草擬科、民事檢察科、刑事檢控科與政策行政科。檢控是律政司署的主要職務，在民事案件中，律政司署的律師充當政府方面的辯護人；在刑事案件中，律政司署的律師則出任檢察官，代表政府提出控訴。判刑三年以下的輕罪案件，可由律政司授權給警署，由受過律政司署法律訓練之警官擔任檢察官之職務，代表政府對當事人之一造提出告訴。此外，〈基本法〉第63條亦規定：「香港特別行政區律政司主管刑事檢察工作，不受任何干涉。」法律援助處則爲經濟條件無法聘請律師的香港居民提供免費或減費之法律辯護服務。當法律援助處收到市民提出之申請後，首先審查申請人之資格，若資格相符，便告知申請人其費用負擔情況，然後再委由志願之私人執業律師或大律師代表申請人出庭辯護。註冊總署隸屬香港政府，目前將近有40位律師，其主要職務爲負責土地登記、公司登記和律政司署職務以外之其他政府法律事務。

　　律師在爲當事人進行辯護的過程中，應以公正合法之方式爲當事人爭取權益，不能教唆當事人向法院隱瞞或僞造事實；律師因案件處理失當致當事人遭受損失時，當事人得向該律師請求賠償，律師公會也可對

該律師加以紀律處分。在法庭上，律師或大律師之言辭辯護對第三者均不負誹謗之罪責，而且大律師在訴訟進行期間更具有豁免權，對其訴訟之處理不負疏忽之責任。

香港特別行政區的律師制度依〈基本法〉第94條之規定：「香港特別行政區政府可參照原在香港實行的辦法，作出有關當地和外來律師在香港特別行政區工作和執業的規定。」可知將來除了具有香港當地資格的律師外，外地的律師亦可能在香港執行其辯護工作。

第七章　香港特別行政區對外事務權與國際法有關問題

第一節　香港特別行政區在國際法上之地位

第一項　香港國際法律地位的現狀

　　香港作爲英國的殖民地，沒有對外關係，其對外關係的處理是由英國外交及聯邦事務部全權負責。香港政府布政司署下的政治顧問辦事處，則負責與各國和英國駐港機構接洽。英國方面對於香港涉外事務的政策是，一方面緊抓具有主權意義的外交權，但隨著香港經濟實力的增加與國際交往能力的提高，則逐步在事實上承認和允許香港對外經濟貿易方面的自主權，也因爲英國的授權和認可，香港乃成爲英國殖民體系下享有一定自治權的區域性經濟實體，亦使得國際社會不得不在某些方面承認香港在國際法律關係中享有某種事實上的行爲能力與權利義務能力。英國政府在1969年初步同意香港有權自訂對外經貿政策，1973年英國加入歐洲共同市場時，香港作爲英國的屬地卻未受到歐市各國的接納，使英國不得不進一步同意香港有權單獨與外國進行國際經貿協議，此乃使香港在英國領土中享有類似於第一次大戰前大英國協自治領（又稱自治殖民地）如加拿大、澳大利亞、紐西蘭、南非等地區的國際法律地位。當時的大英帝國仍是一個單一國，在國際社會上，英國是大英帝國的唯一代表，各自治領同國際法並不發生任何關係，只是英國的殖民地而已，縱使它們擁有自己的國旗、貨幣、郵票等，並獲准與英國同時加入某些國際組織，如國際郵政聯盟，甚至在英國母國授權的限度下對外國行使

締約權，但自治領並不因此而當然成爲國際法的主體（**註一**）。

國際社會上考察一個地方實體是否具有國際人格，一是看其對外交往權力有無法源，二則看國際社會是否認可這種權力，就事實的角度來看，香港在英國所個別授權的範圍內可自行處理對外事務，而國際社會亦承認香港在被授權的範圍內確實具有國際人格，即擁有獨立的權利並且必須獨力負擔義務。目前香港的對外關係大致可分爲三個類別：

一、香港同世界各國（地區）間的領事關係

香港爲重要的世界經濟據點，世界各國爲了在香港維持其重大的經濟利益，乃在香港設立了許多官方或非官方的代表機構，其中最重要的是透過英國政府與他國所建立的領事關係。香港爲了適用1963年〈領事關係公約〉的規定，已制定了相應的〈領事關係公約條例〉，並發布了涉及大英國協、愛爾蘭、奧地利、比利時、丹麥、日本等國的〈領事關係（特權及豁免權）法令〉以及針對除了大英國協和愛爾蘭以外各國的〈領事關係（商船）法令〉，又爲保障聯合國和聯合國專門機構駐港代表的外交特權，亦於英國批准上述公約後，以〈國際組織條例〉規定了1946年〈聯合國特權及豁免公約〉與1947年〈聯合國各專門機構特權及豁免公約〉在香港的適用。

二、香港同各國際組織間的關係

香港非國家，故參加以國家爲主體的國際組織，會存在著適格的問題，但基於香港重要的國際地位，國際組織實有必要作出某種特殊安排以容納香港的參與，因此香港在各國際組織中，有著不同的參與形式：

㈠以英國代表團一員的身份參加

作爲英國的一部份，在必須以國家身份參加的國際組織，英國係安排香港加入英國代表團，由英國代爲表達意見。這一類的國際組織包括

註一 參奧本海（Oppenheim）著，勞特派特（H. Lauterpacht）修訂，王鐵崖、陳體強合譯，奧本海國際法，上卷第一分冊，北京：商務印書館，1971年，頁152；彭明敏，平時戰時國際公法，台北：自版，民國48年，頁107。

聯合國教科文組織、聯合國開發署、世界知識產權組織、國際復興開發銀行、國際貨幣基金會（IMF）、和1986年以前的〈關稅暨貿易總協定〉（GATT）。

㈡以特殊的會員身份參加

部份國際組織同意香港以單獨的身份參加，但由於香港非主權國家，故賦與香港准會員、無投票權的會員或觀察員的資格，不具正式會員的完全權利。這一類國際組織有亞洲及太平洋地區經濟和社會委員會、亞洲及太平洋地區電信組織等。

㈢以正式的會員身份參加

一般為半官方或非官方的國際組織，此因其不涉及主權的問題，不以具有國家法人身份為條件。此類機構多為文化、體育類，如亞洲作曲家聯盟、國際現代音樂協會、國際奧林匹克委員會、大英國協體育總會等。比較特殊的是，亦有國際官方性組織允許香港以正式會員身份參加，此即〈關稅暨貿易總協定〉（GATT）。構成該協定盟員之主體係政府而不限於國家，此因該協定簽訂之初，為顧及緬甸、錫蘭等國於創始GATT時尚未獨立之故。依該協定第26條第5款C項規定：「已接受本協定之盟員之任何關稅領域，倘於其對外商務及依本協定所規定他事務具有或獲得完全自主，經對其前述有關事實負責之盟員發表贊助聲明後，應視為盟員。」此一規定乃係針對原殖民地，使其得非經加盟的方式而得以原宗主國聲明贊助的此一較簡便的途徑成為盟員。香港作為英國的一部份，本即當直接適用該協定，香港之出席GATT會議，乃是以英國代表團一員的身份參加與發言。由於GATT的適用對於香港國際貿易地位的維繫相當重要，一旦香港主權轉移中國，由於中華人民共和國尚不具有GATT之席位，勢必要對香港在GATT之中的法律地位作出適當的安排，因此中英雙方對此展開協調，並於中英聯合聯絡小組第三次會議取得一致的意見並同意採取具體的措施，即由英國政府於1986年4月23日按前述〈關稅暨貿易總協定〉之規定向該協定提交贊助聲明：「香港作為單獨的關稅

區域(英國已代表它加入了總協定)，在處理對外貿易關係和總協定所規定的其他事項方面擁有了充分的自主權，根據總協定第26條第5款C項的規定，考慮到香港的願望，香港將從本聲明生效之日起，被視爲總協定的一個締約方。」香港乃以「轉正」的方式成爲GATT的正式成員。此種方式，使得香港不必同其他締約國進行入會談判，只消將英國加入GATT的關稅減讓表中關於香港的一節單獨劃出即可。而中方於同日亦發表聲明，表明了其願意自1997年7月1日起，使香港特別行政區繼續符合總協定第26條第5款C項的條件，以「中國香港」的名義繼續被視爲GATT的正式成員。基於此一地位，香港亦成爲總協定組織下的〈國際紡織品貿易協定〉（又稱〈多種纖維協定〉(MFA)）和「發展中國家紡織品服裝局」的正式成員。(註二)

除了上述兩個非政治性國際組織之外，香港則早已是世界衛生組織（WHO）、國際勞工組織（ILO）、亞洲生產力組織（APO）和亞洲開發銀行（ADB）的正式會員。

三、香港締結或適用各國際條約的形式

在國際條約方面，香港或透過英國、或單獨以自己的名義適用的條約總數，於1984年爲止，依照英國編輯的〈適用於香港的多邊條約〉統計，已多達200多件(註三)。香港主要適用國際條約的途徑，大約有以下幾類：

(一)直接適用英國對外簽訂的條約

註二 參馮予蜀，關貿總協定與中國，台北：藝軒圖書出版社，民國83年3月，頁372-375；林正義、葉國興、張瑞猛，台灣加入國際經際組織策略分析，台北：國家政策研究資料中心，1990年7月，頁83-87。

註三 應注意英國的立法適用於香港，有時會做保留。如1966年〈經濟社會與文化權利公約〉，英國即保留第8條第2款不適於香港，而第7條第1款(a)延期適用。另外許多英國參加之勞工組織協定也僅部份適用於香港。萬鄂湘，香港在國際條約中的地位轉變，收錄於黃炳坤主編，"一國兩制"法律問題面面觀，香港：三聯書店有限公司，1987年7月，頁119-141。

　　第二次世界大戰以前英國以大英帝國名義所簽訂的條約，包括英國所有的殖民地，香港自亦包括在內。這類的條約如1920年的〈常設國際法庭規約〉、1922年〈販賣婦女兒童公約〉、1929年〈廢除奴隸制度的國際公約〉和1931年的〈關於無國籍的特別議定書〉等皆是。另一則多發生於戰後，必須於締約雙方同意擴大適用範圍至香港或於條約中明確規定適用於英國所管轄的所有地區方可，如1927年〈仲裁裁決執行公約〉、1952年〈海運碰撞事故的民事管轄權公約〉和1954年〈簡化旅遊海關手續公約〉。

（二）擴大適用英國對外簽訂的條約

　　即由英國政府與香港政府磋商後，代表香港政府發表聲明，宣布某項原由英國對外簽訂或適用的條約擴大適用於香港。如1958年的〈外國仲裁裁決承認及執行公約〉，英國於1980年聲明適用於包括香港在內的所有屬地，又如1972年〈國家豁免歐洲公約及修改聯合王國保存的議事錄〉，亦於1979年由英國宣布適用於香港（註四）。

（三）英國以香港名義締結而僅適用於香港的協議

　　如1973年的〈國際紡織品貿易協定〉。

（四）香港以自己名義締結的協議

　　不論如何透過何種途徑，香港在適用國際條約時，都必須經由香港立法局根據英國法律或有關的國際條約的內容制定相應的條例，或由英國樞密院令香港適用英國根據國際條約所制定的法律，像1963年的〈領事關係維也納公約〉乃係由英國於1968年制定〈領事關係法〉在國內適用，再由香港根據〈領事關係法〉制定〈領事關係條例〉在香港適用。

　　由以上可知，香港作爲英國的一部份，沒有獨立對外進行國際事務的權力，除非該項國際活動允許非國家參與，且英國亦允許香港無須透過英國而可單獨參加。

註四　蕭蔚雲主編，一國兩制與香港基本法律制度，北京：北京大學出版社，1990年5月，頁396。

第二項　香港特別行政區國際法律地位的確認

1984年簽訂的〈中英聯合聲明〉表明了香港將自1997年7月1日起回歸中國，對於香港既有的特殊國際經濟地位，〈聲明〉中確認:「香港特別行政區將保持自由港和獨立關稅地區的地位」(第6條)、「香港特別行政區將保持國際金融中心的地位，繼續開放外匯、黃金、證券、期貨等市場，資金進出自由。港幣繼續流通，自由兌換」(第7條)、「香港特別行政區可同聯合王國和其他國家建立互利的經濟關係，可以〝中國香港〞的名義單獨地同各國各地區及有關國際組織保持和發展經濟、文化關係，並簽訂有關協定。香港特別行政區可自行簽發出入香港的旅行證件」(第10條)。英國復據此制定了〈香港法令〉，使〈聲明〉的內容成為英國國內法律的一部份，而中國方面亦根據〈聲明〉的精神制定了〈香港基本法〉，〈基本法〉揭示中央與香港的關係為:「香港特別行政區是中華人民共和國的一個享有高度自治權的地方行政區域，直轄於中央人民政府」(第12條)，在此一前提下，「中央人民政府負責管理與香港特別行政區有關的外交事務。中華人民共和國外交部在香港設立機構處理外交事務。中央人民政府授權香港特別行政區依照本法自行處理有關的對外事務」(第13條)，並在第7章具體規定了香港特別行政區的對外事務權。〈基本法〉乃係以國內法的形式規定了未來香港特別行政區的國際地位，其對於香港國際地位的設計，基本上是在維持香港現有地位的基礎上出發的，是以中國國內法的角度所作有關香港未來國際法律地位的規範，因此，香港處理其有關國際法律關係的對外事務權限，乃是來自於中央政府的授權，並且被限定在特定的範圍之內（主要是非政治領域），香港則擁有高度的自治權和一定的獨立資格。

中英雙方為了促進雙方的共同目標，保證政權的順利交接，並為了妥善處理香港未來的國際地位，特別成立了中英聯合聯絡小組，依照〈聲明〉附件二〈關於中英聯合聯絡小組〉第4條的規定，聯合聯絡小組成立

到1997年7月1日的前半段時期中所主要審議的事項，皆與香港國際地位的維護有關，其中包括：㈠兩國政府爲使香港特別行政區作爲獨立關稅地區保持其經濟關係，特別是爲確保香港特別行政區繼續參加關稅及貿易總協定、多種纖維協定及其他國際性安排所採取的行動；㈡兩國政府爲確保香港有關的國際權利與義務繼續適用所需採取的行動，而在聯合聯絡小組成立到1997年7月1日的第二階段時期所主要審議的事項，依第5條的規定，則包括：㈠爲1997年順利過渡所要採取的措施；㈡爲協助香港特別行政區同各國、各地區及有關國際組織保持和發展經濟、文化關係並就此類事項簽訂協議所需採取的行動。從中英聯合聯絡小組所審議的事項中可以看出，其主要任務係在爲維持香港回歸中國後的既有國際經濟與法律關係。其中，香港參加關稅及貿易總協定和多種纖維協定的問題已獲得了圓滿的解決。

英國於1997年撤離後，各國在港利益的維護，必須依靠國際的力量來共同監督、牽制中共的作爲，再者，由於中共與西方存在某種緊張關係，如何令香港不致受到各國中國政策的波及，各國有必要自行立法，將香港排除在各該國法律中所指涉的「中國」之外，第一個具體對此一問題表態的國家是美國。由美國參議員麥康納(McConnel)和衆議員波特(Porter)推動，並已經參、衆兩議院通過，1992年10月5日公布的〈1992年美國──香港政策法案〉(〈麥康納法案〉)，即將香港視爲一個「非主權實體」看待，學者評論該法案時便指出其具有三項意義：第一、要使九七後年的香港，在美國法律上，成爲有別於中共的一個「非主權實體」。第二、兼顧英美兩國在香港的利益與實際需要。第三、對中共不表信任，希望藉美國國內法來維繫香港人民的信心 **(註五)**。值得注意的是，美國的〈台灣關係法〉也意在將台灣排除在中國政策處理之外，但其則規定台灣爲一「政治實體」，對台灣有軍事上的安全保障，與對香港法律地位

註五　趙國材，論「美國─香港政策法案」，台北：海峽評論，第17期，1992年5月
　　　　1日，頁49。

的認定有明顯的不同。

我國擬議中的〈港澳關係條例〉，也將對香港法律地位的認定上與對中國大陸的認定分別開來，與美國不同的是，我國現在仍維持一個中國政策，因此並非將香港問題當做國際問題來處理。

中共對香港國際地位的安排，基本上則維持了香港原有的國際經濟法律地位。

第二節　香港特別行政區享有的對外事務權限

香港特別行政區的對外事務權已在本文第4章略有介紹，現則進一步討論牽涉其間的問題：

一、外交談判權及其界限問題

香港作為中國的一個地方區域，對於涉及須以國家地位進行的外交行為，基本上並無權行使。〈基本法〉第150條規定：「香港特別行政區的代表，可作為中華人民共和國政府代表團的成員，參加由中央人民政府進行的同香港特別行政區直接有關的外交談判。」這裡表明了幾個特點：一，香港沒有單獨參加外交談判的資格，這是因為外交談判屬主權國家所為的行為，香港只是中央轄下的一個特別行政區，香港縱要參加，也僅是作為中國代表團的一個成員；二，香港只能參加與其直接相關的談判，但縱使與香港直接相關，也不表示香港就有權利參加，因為〈基本法〉並沒有規定中央進行的與香港有關的談判必須香港協商並有香港特別行政區的代表參加（註六）。

二、締結與履行國際協議權與國際協議轉換問題

〈基本法〉第151條規定：「香港別行政區政府可在經濟、貿易、金融、航運、通訊、旅遊、文化、體育等領域以〝中國香港〞的名義，單

註六　雲冠平、鍾業坤主編，中華人民共和國香港特別行政區基本法概論，廣州：暨南大學出版社，1993年，頁311。

獨同世界各國、各地區及有關國際組織保持和發展關係，簽訂和履行有關協議」；第155條則規定：「中央人民政府協助或授權香港特別行政區政府與各國或各地區締結互免簽證協議」，這裡表明了香港只能就非政治性的事項和互免簽證事宜單獨對外簽訂國際協議，而此一協議的內容不得涉及中國內地，中央也不得任意干涉香港對外協議的內容。

香港一方面享有以上的締結履行國際協議權，另一方面，作爲中國領土的一部分，香港理應適用中國對外簽訂的各項協議，因爲依照國際慣例與1969年〈維也納條約法公約〉第29條的規定，主權國家締結的條約，除有特殊規定或保留者外，理應適用於該國的全部領土。但由於香港實施的爲不同於中國內地的社會制度，要將中國對外依內地社經制度作考量所簽訂的國際協議效力強加於香港，則並不允當，故中國與香港間國際協議適用的關係，可以分爲以下幾個情形加以分析：

㈠中國已參加或即將參加而香港目前未參加的國際協議

第153條第1款規定：「中華人民共和國締結的國際協議，中央人民政府可根據香港特別行政區的情況和需要，在徵詢香港特別行政區政府的意見後決定是否適用於香港特別行政區」。

㈡中國未參加但目前已適用於香港的國際協議

依152條第2款前段規定：「中華人民共和國尚未參加但已適用於香港的國際協議仍可繼續適用」。如果香港參加者是以英國爲代理國所簽訂的必須以主權國家爲當事人的國際協議，則香港回歸中國的結果是使得英國的代理權基礎消滅，爲了避免無人代理致使香港在這些協議中的位置懸空，該條第2款後段復又規定：「中央人民政府根據需要授權或協助香港特別行政區作出安排，使其他有關國際協議適用於香港特別行政區。」

㈢中國與香港皆已參加的國際協議

依第151條和第153條之法理，既然中國尚未參加而香港已參加之國際協議原則上仍繼續適用，可知香港對於其所適用之國際協議，原則上無須考慮中國是否已經參加而仍可維持其效力，復因中國簽訂之國際協

議是否適用於香港，香港政府可應中央徵詢表達意見，而由中央決定是否適用於香港，而香港本身本亦有權單獨與外國簽訂國際協議，故本文認為，對於中國與香港皆已參加的國際協議，原則上不產生條約轉換的問題，但如果最初中國與代表香港的英國皆對於批准各該協議附有保留條件，則對於該協議適用於香港的範圍的爭議，應循下列思考路徑加以解決，即原則上應依原先適用於香港的狀態繼續維持，當中國保留的條件涉及香港目前的適用範圍時，則應徵詢香港政府的意見是否適合將之擴大適用於香港。理論上，決定權乃繫於中央，但實際上則應顧慮到是否有利於香港的發展，再決定要依中國抑或英國的保留條件適用，最後則應取得其他當事國的諒解或同意。

㈣〈基本法〉所特別規定繼續適用的國際協議

依〈聯合聲明〉及其附件一〈中華人民共和國對香港的基本方針政策的具體說明〉而落實於〈基本法〉第39條者，係規定1966年聯合國之〈公民權利和政治權利國際公約〉以及同年之〈經濟、社會與文化權利的國際公約〉和國際勞工公約適用於香港的有關規定繼續有效，通過香港特別行政區的法律予以實施（第1款）。該條第2款復規定：「香港居民享有的權利和自由，除依法規定外不得限制，此種限制不得與本條第一款規定抵觸」，本條規定實則保障了香港人民的基本人權不因中國內地較落後的法律規定而受到戕害，這一部分排除了中央人民政府政策判斷的影響。由於本條規定這些國際協議必須以法律的形式予以實施，故一旦其法律化已於九七之前完成，則應適用第8條的規定（下詳）。

㈤政治性國際協議由中央決定其效力

必須注意的是，第2款所規定的國際協議，僅指非政治領域之國際協議，在第151條所列舉的範圍之外者，即與中央人民政府專有之權限有關的國防外交協議，如1968年美、英、蘇三國簽訂的〈核武器不擴散條約〉或如與中國對於領土主權主張相關的1958年〈海洋公約（海洋法）〉、〈領海及毗連區（海洋法）公約〉、〈大陸架公約（海洋法）〉等，又如英美間

的各種涉及國防安全事務的協議，如1950年〈英美共同防禦互助協定〉、1951年〈英美共同安全協定〉和1971年的〈英美引渡條約〉等，乃由〈基本法〉第13條加以規範，中央人民政府有權決定不予適用。

　　㈥作為香港法律一部分的國際協議之繼續適用

　　〈基本法〉第8條規定：「香港原有法律，即普通法及衡平法、條例、附屬立法、習慣法，除同本法相牴觸或經香港特別行政區的立法機關作出修改者外，予以保留」。以1961年的〈維也納外交關係公約〉與1963年〈維也納領事關係公約〉為例，香港皆依照英國所制定的〈外交特權法〉與〈領事關係法〉制定了〈外交特權條例〉與〈領事關係條例〉，上該條約的內容已成為香港法律的一部分，應就第8條的精神予以保留，當然，已成為英國法律並以樞密院令的形式命其適用於香港的國際協議內容，亦是香港法律的一部分，自受第8條的保障，但此類法律不得與〈基本法〉牴觸，否則即為無效。原規定於〈基本法〉第39條的〈公民權利和政治權利國際公約〉以及〈經濟、社會與文化權利的國際公約〉，則早已於1991年6月8日生效的〈香港人權法案條例〉予以法律化，成為香港的原有法律的一部份。

　　未來中國允許香港在授權範圍內有締約及國際協議權，那麼在此一範圍內的契約履行責任即應由香港獨自負擔，但是對外國政府而言，它並沒有義務考慮加害國政治制度引起的困難，其目的只在於求償，如果他國意欲透過外交管道進行國際求償，則它必須繞道向有權處理香港外交事務的中央人民政府提出，如果該國又堅持由中央人民政府償付，則中央人民政府應當透過適當的國內法上的安排，將責任轉嫁給香港特別行政區（**註七**）。

　　三、參加國際組織權與席位安排問題

　　〈基本法〉第152條規定：「對以國家為單位參加的、同香港特別行

註七　林毅，香港特別行政區締約及承擔國際責任的問題，收錄於黃炳坤主編，頁146。

政區有關的、適當領域的國際組織和國際會議，香港特別行政區政府可派遣代表作爲中華人民共和國代表團的成員或以中央人民政府和上述有關國際組織或國際會議允許的身分參加，並以"中國香港"名義發表意見。

香港特別行政區可以"中國香港"的名義參加不以國家爲單位參加的國際組織和國際會議。

對中華人民共和國已參加而香港也以某種形式參加了的國際組織，中央人民政府將採取必要措施使香港特別行政區以適當形式繼續保持在這些組織中的地位。

對中華人民共和國尚未參加而香港已以某種形式參加的國際組織，中央人民政府將根據需要使香港特別行政區以適當形式繼續參加這些組織。」

本條對於香港參加國際組織權的權限作了幾種具體的規定，本文試論如下：

㈠香港特別行政區不得以獨立的身份參加以國家爲單位的國際組織或國際會議

和英國一樣，香港亦不得參與以國家爲單位的國際組織，但得以中國代表團的一部份或經過國際與中國的特殊安排的身份，出席中國已參加或將參加的國際組織。香港對外的正式名稱爲「中國香港」。中國對於主權的問題，態度一向強硬，主張以一國兩制模式解決台灣問題，對於台灣的國際人格乃採取否定的立場，因而所謂的台灣問題香港化，最爲尖銳的表現即在台灣參與國際組織的身份，中國反對台灣參加以國家爲單位的國際組織，但一旦發現無法阻擋，則主張將台灣地位作特殊安排，並以對應於中國香港的名稱「中國台北」作爲台灣的正式名稱，如亞洲開發銀行。

㈡香港特別行政區可以參加非國家的國際組織或國際會議

這類國際活動不涉及主權問題，因而得以半官方或民間非官方的身

份出席，但名稱亦必須使用「中國香港」。中共對台灣出席非官方國際活動的政策原則與此相同。

㈢不論中國是否已參加，凡香港已參加的官方或非官方國際組織，中央人民政府均得爲香港安排某種繼續參加的形式。

四、簽發護照和旅行證件權與香港居民國籍歸屬問題

〈基本法〉第154條規定：「中央人民政府授權香港特別行政區政府依照法律給持有香港特別行政區永久性居民身份證的中國公民簽發中華人民共和國香港特別行政區護照，給在香港特別行政區的其他合法居留者簽發中華人民共和國香港特別行政區的其他旅行證件。上述護照和證件，前往各國和各地區有效，並載明持有人有返回香港特別行政區的權利。

對世界各國或各地區的人入境、逗留和離境，香港特別行政區政府可實行出入境管制。」

此一規定表明，香港本身得以永久性居民和中國公民身份爲標準，對有合法居留權的香港人民簽發護照或旅行證件的權利，並有獨立的出入境管制權。反言之，香港的合法居留者中，唯有持有永久性居民身份證的中國公民才得持有香港特別行政區護照。

香港居民的身份概念，〈基本法〉第24條規定如下：「香港特別行政區居民，簡稱香港居民，包括永久性居民和非永久性居民。

香港特別行政區永久性居民爲：㈠在香港特別行政區成立以前或以後在香港出生的中國公民；㈡在香港特別行政區成立以前或以後在香港通常居住連續七年以上的中國公民；㈢第㈠、㈡兩項所列居民在香港以外所生的中國籍子女；㈣在香港特別行政區成立以前或以後持有有效旅行證件進入香港、在香港通常居住連續七年以上並以香港爲永久居住地的非中國籍的人；㈤在香港特別行政區成立以前或以後第㈣項所列居民在香港所生的未滿二十一周歲的子女；㈥第㈠至㈤項所列居民以外在香港特別行政區成立以前只在香港有居留權的人。

以上居民在香港特別行政區享有居留權和有資格依照香港特別行政區法律取得載明其居留權的永久性居民身份證。

香港特別行政區非永久性居民為：有資格依照香港特別行政區法律取得香港居民身份證，但沒有居留權的人。」

香港居民中永久性居民與非永久性居民的劃分標準在於其人有無居留權，而非其人是否為長期或短期居住於香港。所謂居留權，依照香港1987年〈人民入境（修改）條例〉的規定，係「包括入境權，不受居留條件限制而在香港居留免受遭受離境或遞解出境的權利」。

依上述規定，只有具有第2款第1、2、3項規定的資格亦即中國國籍的永久性居民才有資格領取護照，而非永久性居民則無領取香港特別行政區簽發的各種旅行證件的權利。

中共於1980年9月通過〈中華人民共和國籍法〉，該法就國籍的取得問題，採屬人主義與屬地主義相結合的原則，不承認有雙重國籍，且對於國籍的喪失採申請與審批制，由於中共自始不承認香港為國際法上定義的殖民地，為中國領土的一部份，依該法第4條規定：「父母雙方或一方為中國公民，本人出生在中國，具有中國國籍」，因此香港的所有華裔居民皆具有中國國籍，得持有香港特別行政區簽發的護照，而雖然因中共不承認雙重國籍，對於香港永久性居民中的中國公民是否擁有外國國籍不予認定，但考慮到香港的歷史背景和現實情況，中共在遞交英國的〈關於國籍問題中英雙方交換的備忘錄〉仍然表明「允許原被稱為〝英國屬地公民〞的香港中國公民使用聯合王國政府簽發的旅行證件去其他國家地區旅行」，但「上述中國公民在香港特別行政區和中華人民共和國其他地區不得因其持有上述英國旅行證件而享受英國的領事保護的權利」，亦即允許英國對具有英國國籍的香港中國公民有核發旅行證件的權利。

1962年英國制定〈英聯邦入境人士法〉之前，在香港出生的英國籍人士，具有與英國本土居民相同的公民權利，可以自由進出英國，在當

地工作或居留, 但自1962年以後, 香港居民的上述權利便遭到剝奪。1981
年, 英國制定〈國籍法〉, 所有香港的原居民和在當地出生的人, 均具有
英國屬地公民的身份, 但不具有英國本土的居留權, 只能在英屬香港殖
民地上居留, 因此, 一旦香港不再爲英國屬地, 香港居民就不再具有英
國國籍中英國屬地公民的身份, 在英國遞交中國的〈關於國籍問題中英
雙方交換的備忘錄〉中便指出:「在1997年6月30日由於同香港的關係爲
英國屬地公民者, 從1997年7月1日起, 不再是英國屬地公民, 但將有資
格保留某種適當地位, 使其可繼續使用聯合王國簽發的護照, 而不賦與
在聯合王國的居留權」,「取得這種地位的人, 必須爲持有在1997年7月1
日以前簽發的該種英國護照或包括在該種護照上的人, 在1997年1月1日
或該日以後、1997年7月1日以前出生的有資格的人, 可在1997年12月31
日截止的期間內取得該種護照或包括在該種護照上」, 依1985年英國〈香
港法例〉附件第2條第1款的規定,「執有〝英國屬地公民護照〞的人士可
以在1997年7月1日以前 (或如1997年7月1日以前出生的可以在該年年底
以前) 取得〝英國國民 (海外) 護照〞, 儘管中共方面認爲英國國民 (海
外) 護照只是一種旅行證件, 不表明持有者的國籍 (**註八**), 然無可否認
的, 英國國民 (海外) 是英國〈國籍法〉規定的四種國籍類別之一, 因
此, 未來香港的中國籍永久性居民若申請取得英國國民 (海外) 身份,
將在中共的默許下成爲雙重國籍人。

　　1989年香港行政及立法兩局內務會議成立兩局研究國籍問題特別小
組, 爭取英國恢復港人一般英國公民的資格, 希望能回到1962年以前的
地位, 以取得居英權, 1989年12月20日英國外相赫德答允由1990年開始
至1997年止, 給予最多至5萬個香港家庭共225,000人英國公民權, 香港民
意機關的此項陳情, 眞是對於收回香港的中共的一大諷刺。

　　對於香港不具中國國籍的永久性居民, 香港特別行政區將發給其他

註八　董立坤, 香港法的理論與實踐, 北京: 法律出版社, 1990年4月, 頁100。

載明其有返港權利的旅行證件，以保障其居留權。

五、在其他國家設立機構的權利與外國機構駐港地位問題

香港擁有對外交往的權利，於必要時必須設置駐外辦事機構，〈基本法〉第156條規定：「香港特別行政區可根據需要在外國設立官方或半官方的經濟和貿易機構，報中央人民政府備案」，限定於非政治性的經濟和貿易範圍。目前香港政府在倫敦、日內瓦、華盛頓、紐約和布魯塞爾均設有辦事處，除駐倫敦辦事處負責與英國政府各部門聯繫以及為香港政府招募雇員之外，其他辦事處的主要任務皆為就近與各重要國際經貿組織接觸、收集商情，香港特別行政區若有意擴大設立駐外據點，只需要向中央人民政府報備即可。但外國若要在香港設立領事機構或其他官方、半官方機構，則須經中央人民政府批准(第157條第1款)。這些機構的性質不必限於經貿類，1997年以後，任何國家，無論是否已在香港設立領事機構或其他官方、半官方機構，都必須重新向中華人民共和國政府提出申請，申請審批的原則，依〈基本法〉第157條的規定如下：

㈠已同中華人民共和國建立正式外交關係的國家在香港設立的領事機構和其他官方機構，可予保留（第2款）。

㈡尚未同中華人民共和國建立正式外交關係的國家在香港設立的領事機構和其他官方機構，可根據情況允許保留或改為半官方機構（第3款）。

㈢尚未為中華人民共和國承認的國家，只能在香港特別行政區設立民間機構（第4款）。

目前在香港派駐有領事、專員、名譽領事等官方代表的國家當中，有許多為我國的邦交國，如薩爾瓦多、南非、多明尼加、瓜地馬拉、海地、宏都拉斯、尼加拉瓜、巴拿馬、尼日、諾魯、東加和吐瓦魯，1997年以前，如果未與中華人民共和國建立邦交，其代表機構便將遭到降級的命運，香港為重要的國際金融中心，這些國家屆時恐怕要面臨極大的取捨，是我國外交的一大挑戰。

第八章　基本法對台灣與香港法律關係的衝擊

第一節　台港關係之定位

　　大陸時期的中華民國並未直接主張中英三項條約爲自始無效，對於租借地與割讓地的處理亦分開認定，但仍基於主權原則，視香港整體爲中國的領土，因此，儘管主管香港事務的機構主要爲外交部，仍未便在香港設立駐外使領機構，乃在香港設有外交部兩廣專員公署駐港辦事處。撤台之後，兩廣專員公署裁撤，改由外交部澳門專員公署兼辦涉港外事，1965年外交部澳門專員公署亦裁撤，由於台英間沒有正式邦交，外交部不能在香港設立正式官方機構，乃成立中華旅行社代辦在港事務(註一)。

　　基本上，台灣對於香港主權問題的態度並不明確，這主要是由於國民黨政權的統治正當性，相當程度上依賴於以美國爲首的西方國家的支持，加上與香港地緣較爲疏遠，影響力有限，因此在香港主權問題上幾乎沒有什麼發言空間，不能像中華人民共和國般地強烈從反帝國主義的立場與英國在外交場合中針鋒相對，但在民族主義的立場上仍然認爲香港的割讓與租借皆係不平等條約的產物，故應將香港歸還中國，復由於自認代表中國，因此主張香港主權應返還中華民國，中華民國對香港保有主權（註二）。唯中國尚未統一，而以中華民國的實力亦不足以代表中國接收香港，加以英國承認的是中華人民共和國，一旦主張返還香港，無異於將香港人民推入中共懷抱，此使得我國在香港主權的問題上頗受

註一　參見衛民，台港關係：機制及發展，台北：業強出版社，1992年6月，頁13-14
註二　同上，頁5。

爲難。

　　這種對於香港主權立場上的遲疑態度，正反映在我國的香港政策之上。如將香港人民視同海外僑民，自其中選出華僑中央民意代表，此不異承認香港爲外國，而將香港納入整體華僑政策之中的作法，亦有爲了鞏固統治權威和競爭中國正統，聯合香港華僑對抗中華人民共和國的用意。另外如〈台灣地區與大陸地區人民關係條例〉（以下簡稱〈兩岸關係條例〉）中，其所謂台澎金馬及其他政府統治權所及地區之外的「中華民國領土」，顯然亦未將香港包括在內，因爲港台關係的處理並不依照該條例，這使香港與我國明確主張中華民國主權所及的中國大陸和外蒙古地區在法律的地位上有所區隔。

　　撤台後政府除了由外交部另設中華旅行社替代以往駐港辦事處的任務外，並轉而由僑務委員會主導香港政策。直到中英展開香港前途談判之後，台灣乃逐漸超越以往華僑政策的格局，注意到香港主權問題的逼近對台灣前途的影響。1983年8月，行政院設立對外工作會報香港小組，1984年10月，於中（共）英草簽香港協議後，將前述小組改名行政院香港小組，由行政院副院長統籌其事。1987年8月，隨著中（共）葡簽訂澳門協議，前述小組再改爲行政院港澳小組。1989年3月，港澳小組決定九七之後不撤離駐港各機構。1990年4月，中共通過〈香港基本法〉，爲因應香港未來歸屬於中共管轄的事實變化，政府乃將港澳小組併入在該年10月成立的行政院大陸委員會，並於陸委會下設港澳處，統籌處理對港澳的經貿文化事宜迄今（**註三**），擬議中的〈港澳關係條例〉草案，則將陸委會主管港澳事務的地位予以法制化（草案第5條）。

　　我國外交部雖然在中（共）英簽訂〈聯合聲明〉後曾發表官式聲明，基於其一貫否認中共政權的立場而表示不承認中（共）英間有關香港主權轉移的一切安排與協議，但1990年5月20日李登輝當選第八任總統的就

註三　同上，頁3-4。

職演說中，卻明白地表示要與中共建立「對等地位」，「相互尊重、和平共榮」(**註四**)，此係台灣中國大陸政策重大轉變的前奏。同年10月，李登輝邀集各界人士於總統府下成立國家統一委員會研議〈國家統一綱領〉，次年2月〈國統綱領〉制定完成，3月行政院會議通過全文，成為政府中國大陸政策的最高指導方針。〈國統綱領〉將兩岸統一進程規劃為三個階段，各該階段的任務為：

1.近程（交流互惠）階段：兩岸摒除敵對狀態，互不否定對方為政治實體，互不干擾國際活動，開放雙向資訊交流，兩岸各自推動政治民主化與經濟自由化的改革。

2.中程（互信合作）階段：兩岸建立官方溝通管道，推動高層互訪，全面開放三通，共同開發大陸東南沿海地區。

3.遠程（協商統一）階段：兩岸協商機構，依據兩岸人民意願，共商統一大業，研訂憲政體制。

〈國統綱領〉對於統一前兩岸關係的定位，則規定為「一個中國，兩個地區，兩個對等實體」。1991年3月至5月，第1屆國民大會第8次臨時會開議，廢止〈動員戡亂時期臨時條款〉，並通過了第一次〈中華民國憲法增修條文〉，此乃在憲法的層次上肯認並證實了〈國統綱領〉的主張，即不再視中華人民共和國為一叛亂團體，承認其為一個中國之下與台灣對等的一個政治實體，隨後立法院並根據〈增修條文〉的規定制定了〈兩岸關係條例〉，將中華民國領土中非政府統治權所及地區之人民從一般國民的地位中分別出來。中華民國以台灣人民為主體進行修憲之後，基於國民主權原則，已經成為一以台灣為生命共同體的事實上與法律上的分裂國家了，如此一來，中華民國對於未參與其憲改的人民便無權延伸其

註四　李登輝，中國的統一是所有中國人共同的期望，收錄於中國國民黨中央文化工作會編，建立中華民族的新時代，台北：中央文物供應社，民國81年8月，頁6。

「部分國家主權」(**註五**),如是,中華民國／台灣亦無權否認中共與英國就香港前途問題所作各項法律措施的效力,因而必須改變先前所持的概不承認立場,轉而認可九七後中共對香港至少具有事實上(de facto)的權利。

隨著對中共立場的改變,台灣自亦必須改變對香港主權的主張,在法律上認知到九七之後香港將爲中共領土的一部份。依照〈兩岸關係條例〉第2條的規定,所謂大陸地區,是「指台灣地區以外之中華民國領土」,該條例之施行細則第3條則進一步解釋大陸地區「包括中共控制之地區及外蒙古地區」,台灣地區之定義則指以台灣、澎湖、金門、馬祖爲核心擴及其他的政府統治權所及之地區。大陸地區人民「指在大陸地區設有戶籍或台灣地區人民前往大陸地區繼續居住逾四年之人民」。如果屆時香港與澳門回歸中國,由於皆受中共控制,不受中華民國統治,不屬於「政府統治權所及地區」,則屆時將合於〈兩岸關係條例〉中所定義大陸地區的內涵。

問題是,按照〈兩岸關係條例〉立法者的原意,其所謂的大陸地區實乃指涉一般意義下爲中共所統治的中國領土,並不包括當時尚爲外國控制的香港與澳門兩個殖民地。港澳實施與台灣相同的資本主義制度,與中國大陸所實施的社會主義制度大不相同,中共政府即基此而在香港實施一國兩制,在香港設立特別行政區,採用另一套不同於內地的法制,甚至以其爲單獨關稅領域。吾人若將香港視爲大陸的一部份,齊一規定,無視於一國兩制的狀態,必將徒增困擾。況且政府依照〈國統綱領〉所實施的大陸政策,乃將目前的兩岸關係界定爲處於近程階段,一旦香港劃爲大陸地區,則台港民間來往熱絡的現象,將因三通需待於兩岸關係進入中程階段方才開放而遭到嚴重打擊。

最早意識到不宜將香港與大陸歸類一起處理的問題並採取具體立法

註五 陳新民,修憲之道——臨時條款的存廢問題,收錄於氏著,憲法基本權利之基本理論,下冊,台北:自版,民國79年1月,頁381。

行動的，是美國的〈1992年美國──香港政策法案〉，該法將香港自中國的概念中獨立出來，以免受到中美關係任何風吹草動的波及。基於同樣理由，爲免香港政策受到大陸政策的震盪，我國政府乃積極進行規範台港澳法律關係的另一套法律架構的規劃。

第二節　港澳關係條例的立法

〈港澳關係條例〉的架構成形於民國82年4月，尙未經立法院審議通過，因此目前只能就陸委會於民國83年9月公布的草案一窺其大概。〈港澳關係條例〉的起草，是由陸委會委託國立政治大學蔡英文教授和香港中文大學翁松燃教授召集台灣大學蕭全政教授、羅昌發教授、國立政治大學黃立教授、蔡孟佳講師及東吳大學楊光華副教授組成專案研究小組著手研擬。研擬工作共分兩階段進行：第一階段先確立草案的立法原則、方向及架構，期間並在港台澳等地舉辦多次座談與研討會，廣泛蒐集各方意見，至83年初提出研究小組之期末報告；第二階段則自83年3月迄6月，以研究小組之期末報告作爲諮詢意見稿，再度徵詢各界意見，而後制訂草案報請行政院審議通過，並期能在民國85年底完成立法程序，有關香港的部份在1997年7月1日開始施行。

該法之草擬，依陸委會公布之《港澳關係條例》草案（諮詢意見稿〉所載，係以「維持與促進台港澳間之關係、保障港澳同胞之原有權益、維護台灣地區及人民之安全與權益及因應港澳情勢之變遷」爲其基本精神，而在立法技術上，則遵循五項原則：

一、儘量維持現有規範，以維持、促進及保障台港澳間關係及港澳人民權益；

二、採取互惠原則，以保障台灣地區人民在香港之權益；

三、採取委任立法，以因應港澳情勢之不確定性；

四、納入國際多邊規範精神，以適應台港澳將來如成爲同一國際組

織會員時的需要；

五、設有情勢變遷條款，以保障台灣地區及人民之安全。

該法草案共計6章58條，各章之重點如下（**註六**）：

一、總則：規定立法目的、適用地區、港澳地區人民、台灣人民、台灣地區及主管機關之定義與定位。

二、行政：規範有關港澳地區人民入出境、居留、定居、就業、緊急情況之援助、專業資格與學歷之檢覈與承認、稅務，以及台港澳航運、投資、經貿、金融往來、著作權與專利商標。

三、民事：規範有關法律衝突問題、港澳法人之許可、營業及裁判與仲裁判斷之承認。

四、刑事：規範有關追訴、免訴、告訴及自訴等規定。

五、處罰：規定違反本條例之處罰。

六、附則：規定有關司法之相互協助、第三地之認定、過渡期間及條例之施行與停止適用。

第三節　港澳關係條例草案的特質

本節不擬對〈港澳關係條例〉草案的內容作深入的分析，僅就草案立法所呈現的台港關係作一檢視，以顯豁該草案在特殊的兩岸關係架構下的政治意涵。

1.一國多區、平等互惠

本條例草案的架構與內容多比照〈兩岸關係條例〉，同樣是在認知到中共的控制的前提下訂定者。過去台灣對於中共之接收香港，存有兩難的心態，即一方面基於政治零合競爭的層面不希望中共接收成功，另一方

註六　行政院大陸委員會編印，「港澳關係條例」草案（諮詢意見稿），台北，民國83年3月，頁4-5。

面又從經貿實質利益觀點上不希望香港崩潰而使本身犧牲太大（註七），就本條例草案以觀，顯然此種兩難心態已大幅改善，本條例草案第1條第1項開宗明義地表明了本法的立法理由，係於「國家統一前，爲因應香港地區與澳門地區於英國與葡萄牙分別結束其治理後之特殊情況，並爲規範及促進與香港地區及澳門地區之經貿、文化及其他關係，以共同追求民主、自由、安定與繁榮」。可見，台港民間關係現狀的維持，乃是本條例草案所欲積極追求的目標。

　　本條例草案第1條第2項則規定其與其他法令的關係，值得注意的是，本法在概念上似爲〈兩岸關係條例〉的特別法，但在法位階的設計上，則非當然如此。本條表明，除非本條例有明文規定適用〈兩岸關係條例〉，否則未規定的部份一律不得適用〈兩岸關係條例〉的規定。由此可看出本法有意把港澳在我國法律中的地位提昇到與中國大陸相同的位階，因而香港雖亦爲中共控制地區，但在法律的適用上卻與中國大陸分開處理，故除非明文規定適用後者，否則兩者原則上乃互不相干。

　　不過就法律體系的內在邏輯以觀，乃對香港何以不屬於大陸地區缺乏一清楚的說明。就現行法令文字爲判斷，這存在兩種可能：(1)中華民國領土包含台灣地區與大陸地區，中華民國領土的大陸地區指中共控制的中華民國領土和外蒙古地區，香港非中華民國領土，故香港地區與大陸地區是兩個不同的地區概念；(2)中華民國領土包含台灣地區、大陸地區、香港地區和澳門地區，中華民國領土的大陸地區包含中共控制的中華民國大陸地區領土和已獨立的外蒙古地區，香港地區非屬中共控制的中華民國大陸地區領土，故香港地區與大陸地區是兩個不同的地區概念。這種結論是以大陸地區爲一地理名詞爲基礎的，兩種推論的差別在於以是否認定香港原即屬於中華民國領土爲斷，此則涉及對於中英三項條約效力的承認問題，而中華民國在歷史上對於此一問題的立場是不明確的。

註七　衛民，前揭書，頁9。

如果港澳地區與大陸地區的內涵不同，則〈港澳關係條例〉的立法便與九七後〈兩岸關係條例〉是否適用於香港澳門的問題無關，可是追溯前者的立法緣起，吾人卻發現兩者是息息相關的。換言之，本條例的立法本意是要把港澳地區從中共控制的一般地區區分出來，而且擔心不立法會使人誤會將同樣適用〈兩岸關係條例〉。從法條中一再同時提及大陸地區與香港地區的例證中，可知對於大陸地區與香港地區的地理區分一向是十分清楚的。

雖然〈港澳關係條例〉與〈兩岸關係條例〉各有其規範對象，由於其皆在中共的控制之下，因此一旦中共短期或長期收回香港的高度自治權，則〈港澳關係條例〉乃失去其單獨立法施行的必要性，故其草案第56條規定：「本條例施行後，香港地區或澳門地區情況發生變化，致本條例之施行有危害台灣地區安全之虞時，行政院得決定停止適用本條例一部或全部之適用……，本條例停止適用之部分，如未另定法律規範，與香港地區或澳門地區之關係，適用台灣地區與大陸地區人民關係條例相關規定」。

〈港澳關係條例〉是從非政治的角度去處理台港澳關係的，係比照兩岸交流互惠的對等關係去處理台港澳關係，對於〈港澳關係條例〉多次使用「互惠」（如第52條司法互助）、「同等」（如第32、33條智慧財產權之保護）的字眼規範台港關係，將中共管轄的特別行政區與台灣對等，有學者擔憂會造成九七之後我國在兩岸關係中自我矮化主權。但亦有學者認為香港係具有高度自治權之特別行政區，在其高度自治的權限範圍內連中華人民共和國中央人民政府都無權干涉，自與其他一般地方行政區域不可相提並論，我國理應與世界各國一同尊重依「港人治港」原則成立之香港特別行政區政府的高度自治地位，況雙邊協議本當基於兩造平等之立場為之，與主權問題無涉。

基本上，本條例係將香港與大陸分別看待的方向是現階段政治性的策略，畢竟香港屬於中共管轄，忽略台港關係中的中共因素，乃是不可

思議之事!〈港澳關係條例〉草案第54條把港澳作為兩岸開放直接通信、通航或通商三通前的第三地，法理上的解釋，不無困惑! 再者，於民事事件，涉及大陸地區者，適度納入區域法律衝突之理論 (註八)；涉及香港地區者，準用涉外民事法律適用法以定其應適用之法律。這又顯示政治性的安排，奪去了法理的存在基礎!

　　2.適用主體，親疏有別

　　〈港澳關係條例〉草案所稱之香港地區人民係指「具有香港地區永久居留資格，且未持有英國國民（海外）護照或香港地區護照以外之旅行證照者」（第4條第1款）。香港是華洋雜處之地，對照〈基本法〉的規定，可知本條例草案所稱之香港地區人民，較〈基本法〉所稱之永久性居民範圍為狹小。中共主張單一國籍，不承認雙重國籍，但並不反對中國籍的香港永久性居民取得不表明持有者國籍的旅行證件(照)，因為中共認為英國國民（海外）護照只是一種旅行證件，故默許中國籍的香港永久性居民取得該種英國護照。而台灣既承認雙重國籍，卻又將持有英國國民（海外）護照或香港地區護照以外之旅行證照的香港永久性居民排除在〈港澳關係條例〉的適用對象之外，其條件顯然嚴苛，不考慮香港人民面臨九七大限紛紛求取英國或其他國家旅行證件的普遍避秦心態。但第4條第3項規定，香港地區人民，如於香港地區於英國結束其治理前，「取得華僑身分者及其符合中華民國國籍取得要件之配偶及子女，得予特別優惠，以維護其權益」。惟政策的拿捏影響華僑身分的取得。因為在中共的統治下，未來此種身份如何維持、如何驗證、會不會違反〈基本法〉第23條所延伸有關國家安全的香港法律，在實施上有無困難，殊值注意。除非有意移民台灣，否則願意承擔政治風險取得華僑身分的港

註八　台灣、大陸各自主張的「一國兩地區」、「上國兩制」的理念下，所產生的法律衝突問題，法理上不能以內國中的「區際法律衝突」看待。參見王泰銓，兩岸關係法適用「法律衝突理論」之探討，自立晚報，1991 年 1 月 18 日，「自立論衡」。

人恐怕不多，而有意移民台灣者，如因限制致阻絕其路，則亦非妥當！台灣若擔心九七出現移民潮，積極的作法是支持香港維持繁榮、政權平穩過渡順利交接，而不是在港人之中過濾華僑，徒然製造港人的分化，影響人心安定。至於華僑優惠的內容，本條例草案規定的則有工作權優於比照外國人的一般港澳人民（第9條）、參政權限制解除時間僅兩年（第13條）、在台投資準用〈華僑回國投資條例〉規定（第25條）等，其他以行政命令規定的事項亦可能予以多項優惠。再者，本條例草案第15條亦規定：「駐香港地區或澳門地區機構在當地僱用之人員，受僱達相當期間者，其入境、居留、就業之規定，均比照台灣地區人民辦理；其父母、配偶、未成年子女與配偶之父母隨同申請來台時，亦同。」，此一措施的受惠者則限於特定人士。

未來香港特別行政區居民在台灣法律的規範中，將會有大陸人、外國人、香港地區人民、華僑、台灣機構雇員等類別，各有不同的待遇。而法人團體若與中共關係密切，亦不予許可，如對於大陸人控股達20％以上的公司不予認許，經認許者，亦得撤銷之（第37條），又如限制大陸人經營的船舶航行至台灣（第20條）。

3.委任立法，項目廣泛

本條例草案的內容，從港澳地區地位的界定，港澳政治情勢的發展以致經濟制度能否維持自由體制，政治運作能否享有高度自主性，與台灣經驗、投資、航線的持續往來，都建構在一套「假設前提」的基礎上，這種極度不確定性的前提，使得草案立法體例採用了大量「委任立法」的模式，擴張行政主管機構的裁量權，以便有應付情勢變化的彈性。

本條例草案主管機關爲行政院大陸委員會，相對於大陸事務，其權限的空間較大。以出版品進口的許可辦法的訂定爲例，大陸出版品進口辦法須由新聞局擬訂報請行政院核定發布（〈兩岸〉第37條），但港澳地區則在新聞局擬訂後，尚須經陸委會的委員會議議決方可報請行政院核定發布（〈港澳〉第29條）。其他類似辦法的擬訂，如港人的入境、居留、

就業、就學、強制出境及收容處所、學歷之檢覈與採認、船舶客貨運送、投資或技術合作、金融保險機構之設立、資金之進出、貨品原產地認定等皆須由陸委會委員會議議決通過。

4.國家安全、國境管制

港澳地區人民之入境，依〈港澳關係條例〉草案第7條之規定，係採許可制，即香港地區或澳門地區人民進入臺灣地區必須經主管機關之許可，經許可進入者，不得從事與許可目的不符之活動。該項許可辦法，由內政部擬訂，經主管機關陸委會委員會議議決，報請行政院核定後發布之。此外，依本條例草案第11條之規定，在本條例施行前後進入臺灣地區之香港地區或澳門地區人民，有下列情形之一者，治安機關得逕行強制出境：一、未經許可入境者；二、雖經許可入境，已逾停留期限者；三、從事與許可目的不符之活動者；四、有事實足認有犯罪行為者；五、有事實足認有危害國家安全或社會安定之虞者。但其所涉案件已進入司法程序者，應先經司法機關之同意。

以上該五款之規定內容可從下列幾個方面認定之。首先，所謂「未經許可入境」，應係指持偽造、變造之護照、旅行證件或其他相類似之證書，或以其他非法之方法入境之情形而言。其次，所謂「從事與許可目的不符之活動」，應指活動本身與許可目的間不具有因果關係而言。而因果關係之認定，則應視該活動或續行該活動所可能產生的結果，是否有達成許可目的之可能，若依經驗法則判定該活動之結果無法達到許可之目的時，即屬無因果關係。再其次，所謂「有事實足認有犯罪行為者」，係指該行為涉及刑事案件，經治安機關依檢舉書、自白書、鑑定書、照片、錄音、錄影、警察或治安人員職務上製作之筆錄或查證報告、檢察官之起訴書或處分書、審判機關之裁判書或其他具體事實查證屬實者。最後，所謂「有事實足認有危害國家安全或社會安定之虞者」，應指曾參加或資助內亂、外患團體或其活動而隱瞞不報者；曾參加或資助暴力非法組織或其活動而隱瞞不報者；在臺灣地區外涉嫌重大犯罪或有犯罪習

慣者等三種情形而言。

有關入出境的許可問題，在〈國家安全法〉已有所規定，要求內政部組成審查委員會就申請之不服許可事件進行救濟，而如果因主管機關的不當處分造成當事人的損害，亦應有國家賠償的制度，以免侵害人權。

5.情勢變遷、停止適用

由於香港在中（共）的統治下，其是否能維持基本法賦予之高度自治尚待證實。爲避免一旦香港情況發生變化，導致台港關係緊張危及台灣國家利益，本條例草案第56條則授權行政院決定本條例一部或全部停止適用，但應即將其決定附具理由送交立法院追認，立法院於收到該項決定後，如於會期內一個月未爲決議，則視爲同意追認。停止適用的部分，若未另定法律規範，則適用〈兩岸關係條例〉的規定。

第四節　後語

中共港澳辦公室主任姬鵬飛在1984年時曾宣稱，九七之後只要台灣駐港機構遵守當地法律，就與其他香港居民和機構享受同等權利，又說，台港之間的海空航運交通、經濟文化關係、人員往來等，保持不變(註九)。〈港澳關係條例〉早就爲此預留了空白立法的空間，就等待兩岸談判的結果。由於台港關係談判涉及兩岸官方接觸和兩岸定位的問題，在我方則面臨是否要躍進〈國統綱領〉中程階段的抉擇，在統獨爭議方興未艾的時候，統一進程的推前會不會造成朝野勢力對比的消長與國際誤認兩岸和談的錯覺，是一大顧慮。而中共也急於藉台港關係談判打開三通的僵局，並突顯台港談判爲地方性議題的政治意義，以矮化台灣國際地位，其間乃屢雜了主權的因素，因而目前兩岸仍在相互試探底線的階段（註十）。九七之後的台港關係是否會不會突破目前台英關係限制下的形式，

註九　立法院玉山會，港澳關係條例草案公聽會，台北，民國83年11月4日，廖光生發言，頁2。

解鈴人還須繫鈴人，要看中共是否有解決的誠意。事實上，香港的繁榮，台灣的政治支持是具有相當的象徵性作用，但也唯有兩岸關係的改善與明確的對等國家定位，香港人民才能在兩岸的競爭之中享受到眞正的利益。

註十　尹乃馨，台港關係談判，兩岸互探底牌，台北：聯合報，民國84年1月2日，版4。

附　錄

一、中華人民共和國政府和大不列顛及北愛爾蘭聯合王國政府關於香港問題的聯合聲明

中華人民共和國政府和大不列顛及北愛蘭聯合王國政府滿意地回顧了近年來兩國政府和兩國人民之間的友好關係，一致認爲通過協商妥善地解決歷史上遺留下來的香港問題，有助於維持香港的繁榮與穩定，並有助於兩國關係在新的基礎上進一步鞏固和發展，爲此，經過兩國政府代表團的會談，同意聲明如下：

一、中華人民共和國政府聲明：收回香港地區（包括香港、九龍和「新界」，以下稱香港）是全中國人民的共同願望，中華人民共和國政府決定於1997年7月1日對香港恢復行使主權。

二、聯合王國政府聲明：聯合王國政府於1997年7月1日將香港交還給中華人民共和國。

三、中華人民共和國政府聲明，中華人民共和國對香港的基本方針政策如下：

㈠爲了維護國家的統一和領土完整，並考慮到香港的歷史和現實情況，中華人民共和國決定在對香港恢復行使主權時，根據中華人民共和國憲法第三十一條的規定，設立香港特別行政區。

㈡香港特別行政區直轄於中華人民共和國中央人民政府。除外交和國防事務屬中央人民政府管理外，香港特別行政區享有高度的自治權。

㈢香港特別行政區享有行政管理權、立法權、獨立的司法權和終審

權。現行的法律基本不變。

㈣香港特別行政區政府由當地人組成。行政長官在當地通過選舉或協商產生，由中央人民政府任命。主要官員由香港特別行政區行政長官提名，報中央人民政府任命。原在香港各政府部門任職的中外籍公務、警務人員可以留用。香港特別行政區各政府部門可以聘請英籍人士或其他外籍人士擔任顧問或某些公職。

㈤香港的現行社會、經濟制度不變；生活方式不變。香港特別行政區依法保障人身、言論、出版、集會、結社、旅行、遷徙、通信、罷工、選擇職業和學術研究以及宗教信仰等各項權利和自由。私人財產、企業所有權、合法繼承權以及外來投資均受法律保護。

㈥香港特別行政區將保持自由港和獨立關稅地區的地位。

㈦香港特別行政區將保持國際金融中心的地位，繼續開放外匯、黃金、證券、期貨等市場，資金進出自由。港幣繼續流通，自由兌換。

㈧香港特別行政區將保持財政獨立。中央人民政府不向香港特別行政區徵稅。

㈨香港特別行政區可同聯合王國和其他國家建立互利的經濟關係。聯合王國和其他國家在香港的經濟利益將得到照顧。

㈩香港特別行政區可以「中國香港」的名義單獨地同各國、各地區及有關國際組織保持和發展經濟、文化關係，並簽訂有關協定。

香港特別行政區政府可自行簽發出入香港的旅行證件。

(十一)香港特別行政區的社會治安由香港特別行政區政府負責維持。

(十二)關於中華人民共和國對香港的上述基本方針政策和本聯合聲明附件一對上述基本方針政策的具體說明，中華人民共和國全國人民代表大會將以中華人民共和國香港特別行政區基本法規定之，並在五十年內不變。

四、中華人民共和國政府和聯合王國政府聲明：自本聯合聲明生效之日起至1997年6月30日止的過渡時期內，聯合王國政府負責香港的行政

管理，以維護和保持香港的經濟繁榮和社會穩定；對此，中華人民共和國政府將給予合作。

五、中華人民共和國政府和聯合王國政府聲明：爲求本聯合聲明得以有效執行，並保證1997年政權的順利交接，在本聯合聲明生效時成立中英聯合聯絡小組；聯合聯絡小組將根據本聯合聲明附件二的規定建立和履行職責。

六、中華人民共和國政府和聯合王國政府聲明：關於香港土地契約和其他有關事項，將根據本聯合聲明附件三的規定處理。

七、中華人民共和國政府和聯合王國政府同意，上述各項聲明和本聯合聲明的附件均將付諸實施。

八、本聯合聲明須經批准，並自互換批准書之日起生效。批准書應於1985年6月30日前在北京互換。本聯合聲明及其附件具有同等約束力。

1984年12月19日在北京簽訂，共兩份，每份都用中文和英文寫成，兩種文本具有同等效力。

附件一　中華人民共和國政府對香港的基本方針政策的具體說明

中華人民共和國政府就中華人民共和國政府和大不列顛及北愛爾蘭聯合王國政府關於香港問題的聯合聲明第三款所載中華人民共和國對香港的基本方針政策，具體說明如下：

中華人民共和國憲法第三十一條規定：「國家在必要時得設立特別行政區。在特別行政區內實行的制度按照具體情況由全國人民代表大會以法律規定。」據此，中華人民共和國將在1997年7月1日對香港恢復行使主權時，設立中華人民共和國香港特別行政區。中華人民共和國全國人民代表大會將根據中華人民共和國憲法制定並頒佈中華人民共和國香港特別行政區基本法(以下簡稱《基本法》)，規定香港特別行政區成立後不實行社會主義的制度和政策，保持香港原有的資本主義制度和生活方式，五十年不變。

香港特別行政區直轄於中華人民共和國中央人民政府，並享有高度

的自治權。除外交和國防事務屬中央人民政府管理外，香港特別行政區
享有行政管理權、立法權、獨立的司法權和終審權。中央人民政府授權
香港特別行政區自行處理本附件第十一節所規定的各項涉外事務。

香港特別行政區政府和立法機關由當地人組成。香港特別行政區行
政長官在當地通過選舉或協商產生，由中央人民政府任命。香港特別行
政區政府的主要官員（相當於「司」級官員）由香港特別行政區行政長
官提名，報請中央人民政府任命。香港特別行政區立法機關由選舉產生。
行政機關必須遵守法律，對立法機關負責。

香港特別行政區的政府機關和法院，除使用中文外、還可使用英文。

香港特別行政區除懸掛中華人民共和國國旗和國徽外，還可以使用
區旗和區徽。

二

香港特別行政區成立後，香港原有法律(即普通法及衡平法、條例、
附屬立法、習慣法)除與《基本法》相牴觸或香港特別行政區的立法機關
作出修改者外，予以保留。

香港特別行政區的立法權屬於香港特別行政區立法機關。立法機關
可根據《基本法》的規定並依照法定程序制定法律，報中華人民共和國
全囯人民代表大會常務委員會備案。立法機關制定的法律凡符合《基本
法》和法定程序者，均屬有效。

在香港特別行政區實行的法律為《基本法》，以及上述香港原有法律
和香港特別行政區立法機關制定的法律。

三

香港特別行政區成立後，除因香港特別行政區法院享有終審權而產
生的變化外，原在香港實行的司法體制予以保留。

香港特別行政區的審判權屬於香港特別行政區法院。法院獨立進行

審判，不受任何干涉。司法人員履行審判職責的行爲不受法律追究。法院依照香港特別行政區的法律審判案件，其他普通法適用地區的司法判例可作參考。

香港特別行政區法院的法官，根據當地法官和法律界及其他方面知名人士組成的獨立委員會的推薦，由行政長官予以任命。法官應根據本人的司法才能選用，並可從其他普通法適用地區聘用。法官只有在無力履行職責或行爲不檢的情況下，才能由行政長官根據終審法院首席法官任命的不少於三名當地法官組成的審議庭的建議，予以免職。主要法官（即最高一級法官）的任命和免職，還須由行政長官徵得香港特別行政區立法機關的同意並報全國人民代表大會常務委員會備案。法官以外的其他司法人員的任免制度繼續保持。

香港特別行政區的終審權屬於香港特別行政區終審法院。終審法院可根據需要邀請其他普通法適用地區的法官參加審判。

香港特別行政區的檢察機關主管刑事檢察工作，不受任何干涉。

香港特別行政區政府可參照原在香港實行的辦法，作出有關當地和外來的律師在香港特別行政區工作和執業的規定。

中央人民政府將協助或授權香港特別行政區政府同外國就司法互助關係作出適當安排。

四

香港特別行政區成立後，原在香港各政府部門（包括警察部門）任職的公務人員和司法人員均可留用，繼續工作；其薪金、津貼、福利待遇和服務條件不低於原來的標準。對退休或約滿離職的人員，包括1997年7月1日以前退休的人員，不論其所屬國籍或居住地點，香港特別行政區政府將按不低於原來的標準向他們或其家屬支付應得的退休金、酬金、津貼及福利費。

香港特別行政區政府可任用原香港公務人員中的或持有香港特別行

政區永久性居民身份證的英籍和其他外籍人士擔任政府部門的各級公務人員，各主要政府部門（相當於「司」級部門，包括警察部門）的正職和某些主要政府部門的副職除外。香港特別行政區政府還可聘請英籍和其他外籍人士擔任政府部門的顧問；必要時並可從香港特別行政區以外聘請合格人員擔任政府部門的專業和技術職務。上述人士只能以個人身份受聘，並和其他公務人員一樣對香港特別行政區政府負責。

公務人員應根據本人的資格、經驗和才能予以任命和提升。香港原有關於公務人員的招聘、雇用、考核、紀律、培訓和管理的制度（包括負責公務人員的任用、薪金、服務條件的專門機構），除有關給予外籍人員特權待遇的規定外，予以保留。

五

香港特別行政區自行管理財政事務，包括支配財政資源，編制財政預算和決算。香港特別行政區的預決算須報中央人民政府備案。

中央人民政府不向香港特別行政區徵稅。香港特別行政區的財政收入全部用於自身需要，不上繳中央人民政府。徵稅和公共開支經立法機關批准、公共開支向立法機關負責和公共帳目的審計等制度，予以保留。

六

香港特別行政區保持原在香港實行的資本主義經濟制度和貿易制度。香港特別行政區政府自行制定經濟和貿易政策。財產所有權，包括財產的取得、使用、處置和繼承的權利，以及依法徵用財產得到補償（補償相當於該財產的實際價值、可自由兌換、不無故遲延支付）的權利，繼續受法律保護。

香港特別行政區將保持自由港地位，並繼續實行自由貿易政策，包括貨物和資本的自由流動。香港特別行政區可單獨同各國、各地區保持和發展經濟和貿易關係。

　　香港特別行政區爲單獨的關稅地區。香港特別行政區可參加關稅和貿易總協定、關於國際紡織品貿易安排等有關的國際組織和國際貿易協定，包括優惠貿易安排。香港特別行政區取得的出口配額、關稅優惠和達成的其他類似安排，全由香港特別行政區享有。香港特別行政區有權根據當時的產地規則，對在當地製造的產品簽發產地來源證。

　　香港特別行政區可根據需要在外國設立官方或半官方的經濟和貿易機構，並報中央人民政府備案。

<h2 style="text-align:center">七</h2>

　　香港特別行政區將保持國際金融中心的地位。原在香港實行的貨幣金融制度，包括對接受存款機構和金融市場的管理和監督制度，予以保留。

　　香港特別行政區政府可自行制定貨幣金融政策，並保障金融企業的經營自由以及資金在香港特別行政區流動和進出香港特別行政區的自由。香港特別行政區不實行外匯管制政策。外匯、黃金、證券、期貨市場繼續開放。

　　港元作爲當地的法定貨幣，繼續流通，自由兌換。港幣發行權屬香港特別行政區政府。在確知港幣的發行基礎是健全的以及有關發行的安排符合保持港幣穩定的目的的情況下，香港特別行政區政府可授權指定銀行根據法定權限發行或繼續發行香港貨幣。凡所帶標誌與中華人民共和國香港特別行政區地位不符的香港貨幣，將逐步更換和退出流通。

　　外匯基金由香港特別行政區政府管理和支配，主要用於調節港元匯價。

<h2 style="text-align:center">八</h2>

　　香港特別行政區保持原在香港實行的航運經營和管理體制，包括有關海員的管理體制。香港特別行政區政府可自行規定在航運方面的具體

職能和責任。香港的私營航運及與航運有關的企業和私營集裝箱碼頭，可繼續自由經營。

香港特別行政區經中央人民政府授權繼續進行船舶登記，並可根據法律以「中國香港」名義頒發有關證件。

除外國軍用船舶進入香港特別行政區須經中央人民政府特別許可外，其他船舶可根據香港特別行政區法律進出其港口。

九

香港特別行政區將保持香港作爲國際和區域航空中心的地位。在香港註冊並以香港爲主要營業地的航空公司和與民用航空有關昀行業可繼續經營。香港特別行政區繼續沿用原在香港實行的民用航空管理制度，並按中央人民政府關於飛機國籍標誌和登記標誌的規定，設置自己的飛機登記冊。香港特別行政區自行負責民用航空的日常業務和技術管理，包括機場管理，在香港特別行政區飛行情報區內提供空中交通服務，以及履行國際民用航空組織的區域性航行規劃程序所規定的其他職責。

中央人民政府經同香港特別行政區政府磋商作出安排，爲在香港特別行政區註冊並以香港特別行政區爲主要營業地的航空公司和中華人民共和國的其他航空公司，提供香港特別行政區和中華人民共和國其他地區之間的往返航班。凡涉及中華人民共和國其他地區與其他國家和地區的往返並經停香港特別行政區的航班，和涉及香港特別行政區與其他國家和地區的往返並經停中華人民共和國其他地區航班的民用航空運輸協定，由中央人民政府簽訂。爲此，中央人民政府將考慮香港特別行政區的特殊情況和經濟利益，並同香港特別行政區政府磋商。中央人民政府在同外國政府商談有關此類航班的安排時，香港特別行政區政府的代表可作爲中華人民共和國政府代表團成員參加。

經中央人民政府具體授權，香港特別行政區政府可以：對原有的民用航空運輸協定和協議續簽或修改，這些協定和協議原則上都可以續簽

或修改，原協定和協議規定的權利盡可能保留；談判簽訂新的民用航空運輸協定，爲在香港特別行政區註冊並以香港特別行政區爲主要營業地的航空公司提供航線，以及過境和技術停降權利；在同外國和其他地區沒有民用航空運輸協定的情況下，談判簽訂臨時協議。凡不涉及往返、經停中國內地而只往返、經停香港特別行政區的定期航班，均由本段所述的民用航空運輸協定或臨時協議加以規定。

中央人民政府授權香港特別行政區政府：同其他當局商談並簽訂有關執行上述民用航空運輸協定和臨時協議的各項安排；對在香港特別行政區註冊並以香港特別行政區爲主要營業地的航空公司簽發執照；按照上述民用航空運輸協定和臨時協議指定航空公司；對外國航空公司除往返、經停中國內地的航班以外的其他航班簽發許可證。

十

香港特別行政區保持原在香港實行教育制度。香港特別行政區政府自行制定有關文化、教育和科學技術方面的政策，包括教育體制及管理、教學語言、經費分配、考試制度、學位制度、承認學歷及技術資格等政策。各類院校，包括宗教及社會團體所辦院校，均可保留其自主性，並可繼續從香港特別行政區以外招聘教職員，選用教材。學生享有選擇院校和在香港特別行政區以外求學的自由。

十一

在外交事務屬中央人民政府管理的原則下，香港特別行政區政府的代表，可作爲中華人民共和國政府代表團的成員，參加由中央人民政府進行的與香港特別行政區直接有關的外交談判。香港特別行政區可以「中國香港」的名義，在經濟、貿易、金融、航運、通訊、旅遊、文化、體育等領域單獨地同世界各國、各地區及有關國際組織保持和發展關係，並簽訂和履行有關協定。對以國家爲單位參加的、與香港特別行政區有

關的、適當領域的國際組織和國際會議，香港特別行政區政府的代表可作為中華人民共和國政府代表團的成員或以中央人民政府和上述有關國際組織或國際會議允許的身份參加，並以「中國香港」的名義發表意見。對不以國家為單位參加的國際組織和國際會議，香港特別行政區可以「中國香港」的名義參加。

中華人民共和國締結的國際協定，中央人民政府可根據香港特別行政區的情況和需要，在徵詢香港特別行政區政府的意見後，決定是否適用於香港特別行政區。中華人民共和國尚未參加但已適用於香港的國際協定仍可繼續適用。中央人民政府根據需要授權或協助香港特別行政區政府作出適當安排，使其他有關的國際協定適用於香港特別行政區，對中華人民共和國已經參加而香港目前也以某種形式參加的國際組織，中央人民政府將採取必要措施使香港特別行政區以適當形式繼續保持在這些組織中的地位。對中華人民共和國尚未參加而香港目前以某種形式參加的國際組織，中央人民政府將根據需要使香港特別行政區以適當形式繼續參加這些組織。

外國在香港特別行政區設立領事機構或其他官方、半官方機構，須經中央人民政府批准。同中華人民共和國建立正式外交關係的國家在香港設立的領事機構和其他官方機構，可予保留；尚未同中華人民共和國建立正式外交關係國家的領事機構和其他官方機構，可根據情況予以保留或改為半官方機構；尚未為中華人民共和國承認的國家，只能設立民間機構。

聯合王國可在香港特別行政區設立總領事館。

十二

香港特別行政區的社會治安由香港特別行政區政府負責維持。中央人民政府派駐香港特別行政區負責防務的部隊不干預香港特別行政區的內部事務，駐軍軍費由中央人民政府負擔。

十三

香港特別行政區政府依法保障香港特別行政區居民和其他人的權利和自由。香港特別行政區政府保持香港原有法律中所規定的權利和自由，包括人身、言論、出版、集會、結社、組織和參加工會、通信、旅行、遷徙、罷工、遊行、選擇職業、學術研究和信仰自由、住宅不受侵犯、婚姻自由以及自願生育的權利。

任何人均有權得到秘密法律諮詢、向法院提起訴訟、選擇律師在法庭上爲其代理以及獲得司法補救。任何人均有權對行政部門的行爲向法院申訴。

宗教組織和教徒可同其他地方的宗教組織和教徒保持關係，宗教組織所辦學校、醫院、福利機構等均可繼續存在。香港特別行政區的宗教組織與中華人民共和國其他地區宗教組織的關係應以互不隸屬、互不干涉和互相尊重的原則爲基礎。

《公民權利和政治權利國際公約》和《經濟、社會與文化權利的國際公約》適用於香港的規定將繼續有效。

十四

在香港特別行政區有居留權並有資格按香港特別行政區的法律獲得香港特別行政區政府簽發的載明此項權利的永久性居民身份證者爲：在香港特別行政區成立以前或以後在當地出生或通常居住連續七年以上的中國公民及其在香港以外所生的中國籍子女；在香港特別行政區成立以前或以後在當地通常居住連續七年以上並以香港爲永久居住地的其他人及其在香港特別行政區成立以前或以後在當地出生的未滿二十一歲的子女；以及在香港特別行政區成立前只在香港有居留權的其他人。

中央人民政府授權香港特別行政區政府依照法律，給持有香港特別行政區永久性居民身份證的中國公民簽發中華人民共和國香港特別行政

區護照，並給在香港特別行政區的其他的合法居留者簽發中華人民共和國香港特別行政區其他旅行證件。上述護照和證件，前往各國和各地區有效，並載明持有人有返回香港特別行政區的權利。

香港特別行政區居民出入當地，可使用香港特別行政區政府或中華人民共和國其他主管部門，或其他國家主管部門簽發的旅行證件。凡持有香港特別行政區永久性居民身份證者，其旅行證件可載明此項事實，以證明其在香港特別行政區有居留權。

對中國其他地區的人進入香港特別行政區將按現在實行的辦法管理。

對其他國家和地區的人入境、逗留和離境，香港特別行政區政府可實行出入境管制。

有效旅行證件持有人，除非受到法律制止，可自由離開香港特別行政區，無需特別批准。

中央人民政府將協助或授權香港特別行政區政府同各國或各地區締結互免簽證協定。

附件二　關於中英聯合聯絡小組

一、為促進雙方共同目標，並為保證1997年政權的順利交接，中華人民共和國政府和聯合王國政府同意，繼續以友好的精神進行討論並促進兩國政府在香港問題上已有的合作關係，以求《聯合聲明》得以有效執行。

二、為了進行聯絡、磋商及交換情況的需要，兩國政府同意成立聯合聯絡小組。

三、聯合聯絡小組的職責為：

㈠就《聯合聲明》的實施進行磋商；

㈡討論與1997年政權順利交接有關的事宜；

㈢就雙方商定的事項交換情況並進行磋商。

聯合聯絡小組未能取得一致意見的問題，提交兩國政府通過協商解

決。

　　四、在聯合聯絡小組成立到1997年7月1日的前半段時期中審議的事項包括：

　　㈠兩國政府爲使香港特別行政區作爲獨立關稅地區保持其經濟關係，特別是爲確保香港特別行政區繼續參加關稅及貿易總協定、多種纖維協定及其他國際性安排所需採取的行動；

　　㈡兩國政府爲確保同香港有關的國際權利與義務繼續適用所需採取的行動。

　　五、兩國政府同意，在聯合聯絡小組成立到1997年7月1日的後半段時期中，有必要進行更密切的合作，因此屆時將加強合作。在此第二階段時期中審議的事項包括：

　　㈠爲1997年順利過渡所要採取的措施；

　　㈡爲協助香港特別行政區同各國、各地區及有關國際組織保持和發展經濟、文化關係並就此類事項簽訂協議所需採取的行動。

　　六、聯合聯絡小組是聯絡機構而不是權力機構，不參與香港或和香港特別行政區的行政管理，也不對之起監督作用。聯合聯絡小組的成員和工作人員只在聯合聯絡小組職責範圍內進行活動。

　　七、雙方各指派一名大使級的首席代表和另外四名小組成員。每方可派不超過二十名的工作人員。

　　八、聯合聯絡小組在《聯合聲明》生效時成立。聯合聯絡小組自1988年7月1日起以香港爲主要駐地。聯合聯絡小組將繼續工作到2000年1月1日爲止。

　　九、聯合聯絡小組在北京、倫敦和香港開會。每年至少在上述三地各開會一次。每次開會的點由雙方商定。

　　十、聯合聯絡小組成員在上述三地享有相應的外交特權與豁免。除非雙方另有協議，聯合聯絡小組討論情況須加以保密。

　　十一、經雙方協議，聯合聯絡小組可決定設立專家小組以處理需要

專家協助的具體事項。

十二、聯合聯絡小組成員以外的專家可參加聯合聯絡小組和專家小組的會議。每方按照討論的問題和選定的地點，決定其參加聯合聯絡小組或專家小組每次會議的人員組成。

十三、聯合聯絡小組的工作程序由雙方按照本附件規定討論決定。

附件三　關於土地契約

中華人民共和國政府和聯合王國政府同意自《聯合聲明》生效之日起，按下列規定處理關於香港土地契約和其他有關事項：

一、《聯合聲明》生效前批出或決定的超越1997年6月30日年期的所有土地契約和與土地契約有關的一切權利，以及該聲明生效後根據本附件第二款或第三款批出的超越1997年6月30日年期的所有土地契約和與土地契約有關的一切權利，按照香港特別行政區的法律繼續予以承認和保護。

二、除了短期租約和特殊用途的契約外，已由香港英國政府批出的1997年6月30日以前滿期而沒有續期權利的土地契約，如承租人願意，均可續期到不超過2047年6月30日，不補地價。從續期之日起，每年繳納相當於當日該土地應課差餉租值百分之三的租金，此後，隨應課差餉租值的改變而調整租金。至於舊批約地段、鄉村屋地、丁屋地和類似的農村土地，如該土地在1984年6月30日的承租人，或在該日以後批出的丁屋地的承租人，其父系為1898年在香港的原有鄉村居民，只要該土地的承租人仍為該人或其合法父系繼承人，租金將維持不變。1997年6月30日以後滿期而沒有續期權利的土地契約，將按照香港特別行政區有關的土地法律及政策處理。

三、從《聯合聲明》生效之日起至1997年6月30日止，香港英國政府可以批出租期不超過2047年6月30日的新的土地契約。該項土地的承租人須繳納地價並繳納名義租金至1997年6月30日，該日以後不補地價，但需每年繳納相當於當日該土地應課差餉租值百分之三的租金，此後，隨應

課差餉租值的改變而調整租金。

四、從《聯合聲明》生效之日起至1997年6月30日止，根據本附件第三款所批出的新的土地，每年限於五十公頃，不包括批給香港房屋委員會建造出租的公共房屋所用的土地。

五、在1997年7月1日之前，可繼續批准修改香港英國政府所批出的土地契約規定的土地使用條件，補交的地價爲原有條件的的土地價值和修改條件後的土地價值之間的差額。

六、從《聯合聲明》生效之日起至1997年6月30日止，香港英國政府從土地交易所得的地價收入，在扣除開發土地平均成本的款項後，均等平分，分別歸香港英國政府和日後的香港特別行政區政府所有。屬於香港英國政府所得的全部收入，包括上述扣除的款項，均撥入「基本工程儲備基金」，用於香港土地開發和公共工程。屬於香港特別行政區政府的地價收入部分，將存入在香港註冊的銀行，除按照本附件第七款㈣的規定用於香港土地開發和公共工程外，不得動用。

七、《聯合聲明》生效之日起，立即在香港成立土地委員會。土地委員會由中華人民共和國政府和聯合王國政府指派同等人數的官員組成，輔以必要的工作人員。雙方官員向各自的政府負責。土地委員會將於1997年6月30日解散。

土地委員會的職權範圍爲：

㈠就本附件的實施進行磋商；

㈡監察本附件第四款規定的限額，批給香港房屋委員會建造出租的公共房屋所用的土地數量，以及本附件第六款關於地價收入的分配和使用的執行；

㈢根據香港英國政府提出的建議，考慮並決定提高本附件第四款所述的限額量；

㈣審核關於擬動用本附件第六款所述的屬於香港特別行政區政府的地價收入部分的建議，並提出意見，供中方決定。

土地委員會未能取得一致意見的問題，提交中華人民共和國政府和聯合王國政府決定。

八、有關建立土地委員會的細則，由雙方另行商定。

二、 中華人民共和國第六屆全國人民代表大會第三次會議關於成立中華人民共和國香港特別行政區基本法起草委員會的決定

1985年4月10日第六屆全國人民代表大會第三次會議通過

中華人民共和國第六屆全國人民代表大會第三次會議決定成立中華人民共和國香港特別行政區基本法起草委員會，負責香港特別行政區基本法的起草工作。

香港特別行政區基本法起草委員會向全國人民代表大會負責，在全國人民代表大會閉會期間，向全國人民代表大會常務委員會負責。

香港特別行政區基本法起草委員會由包括香港同胞在內的各方面的人士和專家組成。具體名單由全國人民代表大會常務委員會決定並公布。

三、 中華人民共和國香港特別行政區基本法

1990年4月4日第七屆全國人民代表大會第三次會議通過。1990年4月4日中華人民共和國主席令第二十六號公布。1997年7月1日起施行

序 言

香港自古以來就是中國的領土，1840年鴉片戰爭以後被英國佔領。1984年12月19日，中英兩國政府簽署了關於香港問題的聯合聲明，確認中華人民共和國政府於1997年7月1日恢復對香港行使主權，從而實現了

長期以來中國人民收回香港的共同願望。

　　爲了維護國家的統一和領土完整，保持香港的繁榮和穩定，並考慮到香港的歷史和現實情況，國家決定，在對香港恢復行使主權時，根據中華人民共和國憲法第三十一條的規定，設立香港特別行政區，並按照「一個國家，兩種制度」的方針，不在香港實行社會主義的制度和政策。國家對香港的基本方針政策，已由中國政府在中英聯合聲明中予以闡明。

　　根據中華人民共和國憲法，全國人民代表大會特制定中華人民共和國香港特別行政區基本法，規定香港特別行政區實行的制度，以保障國家對香港的基本方針政策的實施。

第一章　總　則

　　第一條　香港特別行政區是中華人民共和國不可分離的部份。

　　第二條　全國人民代表大會授權香港特別行政區依照本法的規定實行高度自治，享有行政管理權、立法權、獨立的司法權和終審權。

　　第三條　香港特別行政區的行政機關和立法機關由香港永久性居民依照本法有關規定組成。

　　第四條　香港特別行政區依法保障香港特別行政區居民和其他人的權利和自由。

　　第五條　香港特別行政區不實行社會主義制度和政策，保持原有的資本主義制度和生活方式，五十年不變。

　　第六條　香港特別行政區依法保護私有財產權。

　　第七條　香港特別行政區境內的土地和自然資源屬於國家所有，由香港特別行政區政府負責管理、使用、開發、出租或批給個人、法人或團體使用或開發，其收入全歸香港特別行政區政府支配。

　　第八條　香港原有法律，即普通法、衡平法、條例、附屬立法和習慣法，除同本法相牴觸或經香港特別行政區的立法機關作出修改者外，予以保留。

第九條 香港特別行政區的行政機關、立法機關和司法機關，除使用中文外，還可使用英文，英文也是正式語文。

第十條 香港特別行政區除懸掛中華人民共和國國旗和國徽外，還可使用香港特別行政區區旗和區徽。

香港特別行政區的區旗是五星花蕊的紫荊花紅旗。

香港特別行政區的區徽，中間是五星花蕊的紫荊花，周圍寫有「中華人民共和國香港特別行政區」和英文「香港」。

第十一條 根據中華人民共和國憲法第三十一條，香港特別行政區的制度和政策，包括社會、經濟制度，有關保障居民的基本權利和自由的制度，行政管理、立法和司法方面的制度，以及有關政策，均以本法的規定為依據。

香港特別行政區立法機關制定的任何法律，均不得同本法相牴觸。

第二章　中央和香港特別行政區的關係

第十二條 香港特別行政區是中華人民共和國的一個享有高度自治權的地方行政區域，直轄於中央人民政府。

第十三條 中央人民政府負責管理與香港特別行政區有關的外交事務。

中華人民共和國外交部在香港設立機構處理外交事務。

中央人民政府授權香港特別行政區依照本法自行處理有關的對外事務。

第十四條 中央人民政府負責管理香港特別行政區的防務。

香港特別行政區政府負責維持香港特別行政區的社會治安。

中央人民政府派駐香港特別行政區負責防務的軍隊不干預香港特別行政區的地方事務。香港特別行政區政府在必要時，可向中央人民政府請求駐軍協助維持社會治安和救助災害。

駐軍人員除須遵守全國性的法律外，還須遵守香港特別行政區的法

律。

　　駐軍費用由中央人民政府負擔。

　　第十五條　中央人民政府依照本法第四章的規定任命香港特別行政區行政長官和行政機關的主要官員。

　　第十六條　香港特別行政區享有行政管理權，依照本法的有關規定自行處理香港特別行政區的行政事務。

　　第十七條　香港特別行政區享有立法權。

　　香港特別行政區的立法機關制定的法律須報全國人民代表大會常務委員會備案。備案不影響該法律的生效。

　　全國人民代表大會常務委員會在徵詢其所屬的香港特別行政區基本法委員會後，如認爲香港特別行政區立法機關制定的任何法律不符合本法關於中央管理的事務及中央和香港特別行政區的關係的條款，可將有關法律發回，但不作修改。經全國人民代表大會常務委員會發回的法律立即失效。該法律的失效，除香港特別行政區的法律另有規定外，無溯及力。

　　第十八條　在香港特別行政區實行的法律爲本法以及本法第八條規定的香港原有法律和香港特別行政區立法機關制定的法律。

　　全國性法律除列於本法附件三者外，不在香港特別行政區實施。凡列於本法附件三之法律，由香港特別行政區在當地公布或立法實施。

　　全國人民代表大會常務委員會在徵詢其所屬的香港特別行政區基本法委員會和香港特別行政區政府的意見後，可對列於本法附件三的法律作出增減，任何列入附件三的法律，限於有關國防、外交和其他按本法規定不屬於香港特別行政區自治範圍的法律。

　　全國人民代表大會常務委員會決定宣布戰爭狀態或因香港特別行政區內發生香港特別行政區政府不能控制的危及國家統一或安全的動亂而決定香港特別行政區進入緊急狀態，中央人民政府可發布命令將有關全國性法律在香港特別行政區實施。

第十九條 香港特別行政區享有獨立的司法權和終審權。

香港特別行政區法院除繼續保持香港原有法律制度和原則對法院審判權所作的限制外，對香港特別行政區所有的案件均有審判權。

香港特別行政區法院對國防、外交等國家行爲無管轄權。香港特別行政區法院在審理案件中遇有涉及國防、外交等國家行爲的事實問題，應取得行政長官就該等問題發出的證明文件，上述文件對法院有約束力。行政長官在發出證明文件前，須取得中央人民政府的證明書。

第二十條 香港特別行政區可享有全國人民代表大會和全國人民代表大會常務委員會及中央人民政府授予的其他權力。

第二十一條 香港特別行政區居民中的中國公民依法參與國家事務的管理。

根據全國人民代表大會確定的名額和代表產生辦法，由香港特別行政區居民中的中國公民在香港選出香港特別行政區的全國人民代表大會代表，參加最高國家權力機關的工作。

第二十二條 中央人民政府所屬各部門、各省、自治區、直轄市均不得干預香港特別行政區根據本法自行管理的事務。

中央各部門、各省、自治區、直轄市如需在香港特別行政區設立機構，須徵得香港特別行政區政府同意並經中央人民政府批准。

中央各部門、各省、自治區、直轄市在香港特別行政區設立的一切機構及其人員均須遵守香港特別行政區的法律。

中國其他地區的人進入香港特別行政區須辦理批准手續，其中進入香港特別行政區定居的人數由中央人民政府主管部門徵求香港特別行政區政府的意見後確定。

香港特別行政區可在北京設立辦事機構。

第二十三條 香港特別行政區應自行立法禁止任何叛國、分裂國家、煽動叛亂、顛覆中央人民政府及竊取國家機密的行爲，禁止外國的政治性組織或團體在香港特別行政區進行政治活動，禁止香港特別行政區的

政治性組織或團體與外國的政治性組織或團體建立聯繫。

第三章　居民的基本權利和義務

第二十四條　香港特別行政區居民，簡稱香港居民，包括永久性居民和非永久性居民。

香港特別行政區永久性居民爲：

㈠在香港特別行政區成立以前或以後在香港出生的中國公民；

㈡在香港特別行政區成立以前或以後在香港通常居住連續七年以上的中國公民；

㈢第㈠、㈡兩項所列居民在香港以外所生的中國籍子女；

㈣在香港特別行政區成立以前或以後持有效旅行證件進入香港、在香港通常居住連續七年以上並以香港爲永久居住地的非中國籍的人；

㈤在香港特別行政區成立以前或以後第㈣項所列居民在香港所生的未滿二十一週歲的子女；

㈥第㈠至㈤項所列居民以外在香港特別行政區成立以前只在香港有居留權的人。

以上居民在香港特別行政區享有居留權和有資格依照香港特別行政區法律取得載明其居留權的永久性居民身份證。

香港特別行政區非永久性居民爲：有資格依照香港特別行政區法律取得香港居民身份證，但沒有居留權的人。

第二十五條　香港居民在法律面前一律平等。

第二十六條　香港特別行政區之永久性居民依法享有選舉權和被選舉權。

第二十七條　香港居民享有言論、新聞、出版的自由，結社、集會、遊行、示威的自由，組織和參加工會、罷工的權利和自由。

第二十八條　香港居民的人身自由不受侵犯。

香港居民不受任意或非法逮捕、拘留、監禁。禁止任意或非法搜查

居民的身體、剝奪或限制居民的人身自由。禁止對居民施行酷刑、任意或非法剝奪居民的生命。

第二十九條 香港居民的住宅和其他房屋不受侵犯。禁止任意或非法搜查、侵入居民的住宅和其他房屋。

第三十條 香港居民的通訊自由和通訊秘密受法律的保護。除因公共安全和追查刑事犯罪的需要，由有關機關依照法律程序對通訊進行檢查外，任何部門或個人不得以任何理由侵犯居民的通訊自由和通訊秘密。

第三十一條 香港居民有在香港特別行政區境內遷徙的自由，有移居其他國家和地區的自由。香港居民有旅行和出入境的自由。有效旅行證件的持有人，除非受到法律制止，可自由離開香港特別行政區，無需特別批准。

第三十二條 香港居民有信仰的自由。

香港居民有宗教信仰的自由，有公開傳教和舉行、參加宗教活動的自由。

第三十三條 香港居民有選擇職業的自由。

第三十四條 香港居民有進行學術研究、文學藝術創作和其他文化活動的自由。

第三十五條 香港居民有權得到秘密法律諮詢、向法院提起訴訟、選擇律師及時保護自己的合法權益或在法庭上爲其代理和獲得司法補救。

香港居民有權對行政部門和行政人員的行爲向法院提起訴訟。

第三十六條 香港居民有依法享受社會福利的權利。勞工的福利待遇和退休保障受法律保護。

第三十七條 香港居民的婚姻自由和自願生育的權利受法律保護。

第三十八條 香港居民享有香港特別行政區法律保障的其他權利和自由。

第三十九條 《公民權利和政治權利的國際公約》、《經濟、社會與文化權利的國際公約》和國際勞工公約適用於香港的有關規定繼續有效，

通過香港特別行政區的法律予以實施。

香港居民享有的權利和自由，除依法規定外不得限制，此種限制不得與本條第一款規定抵觸。

第四十條　「新界」原居民的合法傳統權益受香港特別行政區的保護。

第四十一條　在香港特別行政區境內的香港居民以外的其他人，依法享有本章規定的香港居民的權利和自由。

第四十二條　香港居民和在香港的其他人有遵守香港特別行政區實行的法律的義務。

第四章　政治體制

第一節　行政長官

第四十三條　香港特別行政區行政長官是香港特別行政區的首長，代表香港特別行政區。

香港特別行政區行政長官依照本法的規定對中央人民政府和香港特別行政區負責。

第四十四條　香港特別行政區行政長官由年滿四十週歲，在香港通常居住連續二十年並在外國無居留權的香港特別行政區永久性居民中的中國公民擔任。

第四十五條　香港特別行政區行政長官在當地通過選舉或協商產生，由中央人民政府任命。

行政長官的產生辦法根據香港特別行政區的實際情況和循序漸進的原則而規定，最終達至由一個有廣泛代表性的提名委員會按民主程序提名後普選產生的目標。

行政長官產生的具體辦法由附件一《香港特別行政區行政長官的產生辦法》規定。

第四十六條　香港特別行政區行政長官任期五年，可連任一次。

第四十七條　香港特別行政區行政長官必須廉潔奉公、盡忠職守。

行政長官就任時應向香港特別行政區終審法院首席法官申報財產，記錄在案。

第四十八條 香港特別行政區行政長官行使下列職權：

㈠領導香港特別行政區政府；

㈡負責執行本法和依照本法適用於香港特別行政區的其他法律；

㈢簽署立法會通過的法案，公佈法律；

簽署立法會通過的財政預算案，將財政預算、決算報中央人民政府備案；

㈣決定政府政策和發佈行政命令；

㈤提名並報請中央人民政府任命下列主要官員：各司司長、副司長，各局局長，廉政專員，審計署署長，警務處處長，入境事務處處長，海關關長；建議中央人民政府免除上述官員職務；

㈥依照法定程序任免各級法院法官；

㈦依照法定程序任免公職人員；

㈧執行中央人民政府就本法規定的有關事務發出的指令；

㈨代表香港特別行政區政府處理中央授權的對外事務和其他事務；

㈩批准向立法會提出有關財政收入或支出的動議；

㈡根據安全和重大公共利益的考慮，決定政府官員或其他負責政府公務的人員是否向立法會或其屬下的委員會作證和提供證據；

㈢赦免或減輕刑事罪犯的刑罰；

㈣處理請願、申訴事項。

第四十九條 香港特別行政區行政長官如認為立法會通過的法案不符合香港特別行政區的整體利益，可在三個月內將法案發回立法會重議，立法會如以不少於全體議員三分之二多數再次通過原案，行政長官必須在一個月內簽署公布或按本法第五十條的規定處理。

第五十條 香港特別行政區行政長官如拒絕簽署立法會再次通過的法案或立法會拒絕通過政府提出的財政預算案或其他重要法案，經協商仍

不能取得一致意見，行政長官可解散立法會。

　　行政長官在解散立法會前，須徵詢行政會議的意見。行政長官在其一任任期內只能解散立法會一次。

　　第五十一條　香港特別行政區立法會如拒絕批准政府提出的財政預算案，行政長官可向立法會申請臨時撥款。如果由於立法會已被解散而不能批准撥款，行政長官可在選出新的立法會前的一段時期內，按上一財政年度的開支標準，批准臨時短期撥款。

　　第五十二條　香港特別行政區行政長官如有下列情況之一者必須辭職：

　　㈠因嚴重疾病或其他原因無力履行職務；

　　㈡因兩次拒絕簽署立法會通過的法案而解散立法會，重選的立法會仍以全體議員三分之二多數通過所爭議的原案，而行政長官仍拒絕簽署；

　　㈢因立法會拒絕通過財政預算案或其他重要法案而解散立法會，重選的立法會繼續拒絕通過所爭議的原案。

　　第五十三條　香港特別行政區行政長官短期不能履行職務時，由政務司長、財政司長、律政司長依次臨時代理其職務。

　　行政長官缺位時，應在六個月內依本法第四十五條的規定產生新的行政長官。行政長官缺位期間的職務代理，依照上款規定辦理。

　　第五十四條　香港特別行政區行政會議是協助行政長官決策的機構。

　　第五十五條　香港特別行政區行政會議的成員由行政長官從行政機關的主要官員、立法會議員和社會人士中委任，其任免由行政長官決定。行政會議成員的任期應不超過委任他的行政長官的任期。

　　香港特別行政區行政會議成員由在外國無居留權的香港特別行政區永久性居民中的中國公民擔任。

　　行政長官認為必要時可邀請有關人士列席會議。

　　第五十六條　香港特別行政區行政會議由行政長官主持。

　　行政長官在作出重要決策、向立法會提交法案、制定附屬法規和解

散立法會前，須徵詢行政會議的意見，但人事任免、紀律制裁和緊急情況下採取的措施除外。

行政長官如不採納行政會議多數成員的意見，應將具體理由記錄在案。

第五十七條 香港特別行政區設立廉政公署，獨立工作，對行政長官負責。

第五十八條 香港特別行政區設立審計署，獨立工作，對行政長官負責。

第二節　行政機關

第五十九條 香港特別行政區政府是香港特別行政區行政機關。

第六十條 香港特別行政區政府的首長是香港特別行政區行政長官。

香港特別行政區政府設政務司、財政司、律政司和各局、處、署。

第六十一條 香港特別行政區的主要官員由在香港通常居住連續滿十五年並在外國無居留權的香港特別行政區永久性居民中的中國公民擔任。

第六十二條 香港特別行政區行使下列職權：

㈠制定並執行政策；

㈡管理各項行政事務；

㈢辦理本法規定的中央人民政府授權的對外事務；

㈣編制並提出財政預算、決算；

㈤擬定並提出法案、議案、附屬法規；

㈥委派官員列席立法會並代表政府發言。

第六十三條 香港特別行政區律政司主管刑事檢察工作，不受任何干涉。

第六十四條 香港特別行政區政府必須遵守法律，對香港特別行政區立法會負責：執行立法會通過並已生效的法律；定期向立法會作施政報告；答覆立法會議員的質詢；徵稅和公共開支須經立法會批准。

第六十五條　原由行政機關設立諮詢的制度繼續保留。

第三節　立法機關

第六十六條　香港特別行政區立法會是香港特別行政區的立法機關。

第六十七條　香港特別行政區立法會由在外國無居留權的香港特別行政區永久性居民中的中國公民組成。但非中國籍的香港特別行政區永久性居民和在外國有居留權的香港特別行政區永久性居民也可以當選爲香港特別行政區立法會議員，其所佔比例不得超過立法會全體議員的百分之二十。

第六十八條　香港特別行政區立法會由選舉產生。

立法會的產生辦法根據香港特別行政區的實際情況和循序漸進的原則而規定，最終達至全部議員由普選產生的目標。

立法會產生的具體辦法和法案、議案的表決程序由附件二《香港特別行政立法會的產生辦法和表決程序》規定。

第六十九條　香港特別行政區立法會除第一屆任期爲兩年外，每屆任期四年。

第七十條　香港特別行政區立法會如經行政長官依本法規定解散，須於三個月內依本法第六十八條的規定，重新選舉產生。

第七十一條　香港特別行政區立法會主席由立法會議員互選產生。

香港特別行政區立法會主席由年滿四十週歲，在香港通常居住連續滿二十年並在外國無居留權的香港特別行政區永久性居民中的中國公民擔任。

第七十二條　香港特別行政區立法會主席行使下列職權：

㈠主持會議；

㈡決定議程，政府提出的議案須優先列入議程；

㈢決定開會時間；

㈣在休會期間可召開特別會議；

㈤應行政長官的要求召開緊急會議；

㈥立法會議事規則規定的其他職權。

第七十三條 香港特別行政區立法會行使下列職權：

㈠根據本法規定並依照法定程序制定、修改和廢除法律；

㈡根據政府的提案，審核、通過財政預算；

㈢批准稅收和公共開支；

㈣聽取行政長官的施政報告並進行辯論；

㈤對政府的工作提出質詢；

㈥就任何有關公共利益問題進行辯論；

㈦同意終審法院法官和高等法院首席法官的任免；

㈧接受香港居民申訴並作出處理；

㈨如立法會全體議員的四分之一聯合動議，指控行政長官有嚴重違法或瀆職行爲而不辭職，經立法會通過進行調查，立法會可委託終審法院首席法官負責組成獨立的調查委員會，並擔任主席。調查委員會負責進行調查，並向立法會提出報告。如該調查委員會認爲有足夠證據構成上述指控，立法會以全體議員三分之二多數通過，可提出彈劾案，報請中央人民政府決定。

㈩在行使上述各項職權時，如有需要，可傳召有關人士出席作證和提供證據。

第七十四條 香港特別行政區立法會議員根據本法規定並依照法定程序提出法律草案，凡不涉及公共開支或政治體制或政府運作者，可由立法會議員個別或聯名提出。凡涉及政府政策者，在提出前必須得到行政長官的書面同意。

第七十五條 香港特別行政區立法會舉行會議的法定人數爲不少於全體議員的二分之一。

立法會議事規則由立法會自行制定，但不得與本法相抵觸。

第七十六條 香港特別行政區立法會通過的法案，須經行政長官簽署、公布，方能生效。

第七十七條　香港特別行政區立法會議員在立法會的會議上發言，不受法律追究。

第七十八條　香港特別行政區立法會議員在出席會議時和赴會途中不受逮捕。

第七十九條　香港特別行政區立法會議員如有下列情況之一，由立法會主席宣告其喪失立法會議員的資格：

㈠因嚴重疾病或其他情況無力履行職務；

㈡未得到立法會主席的同意，連續三個月不出席會議而無合理解釋者；

㈢喪失或放棄香港特別行政區永久性居民的身份；

㈣接受政府的委任而出任公務人員；

㈤破產或經法庭裁定償還債務而不履行；

㈥在香港特別行政區區內或區外被判犯有刑事罪行，判處監禁一個月以上，並經立法會出席會議的議員三分之二通過解除其職務；

㈦行為不檢或違反誓言而經立法會出席會議的議員三分之二通過譴責。

第四節　司法機關

第八十條　香港特別行政區各級法院是香港特別行政區的司法機關，行使香港特別行政區的審判權。

第八十一條　香港特別行政區設立終審法院、高等法院、區域法院、裁判署法庭和其他專門法庭。高等法院設上訴法庭和原訟法庭。

原在香港實行的司法體制，除因設立香港特別行政區終審法院而產生變化外，予以保留。

第八十二條　香港特別行政區的終審權屬於香港特別行政區終審法院。終審法院可根據需要邀請其他普通法適用地區的法官參加審判。

第八十三條　香港特別行政區各級法院的組織和職權由法律規定。

第八十四條　香港特別行政區法院依照本法第十八條所規定的適用於

香港特別行政區的法律審判案件，其他普通法適用地區的司法判例可作參考。

第八十五條 香港特別行政區法院獨立進行審判，不受任何干涉、司法人員履行審判職責的行爲不受法律追究。

第八十六條 原在香港實行的陪審制度的原則予以保留。

第八十七條 香港特別行政區的刑事訴訟和民事訴訟中保留原在香港適用的原則和當事人享有的權利。

任何人在被合法拘捕後，享有盡早接受司法機關公正審判的權利，未經司法機關判罪之前均假定無罪。

第八十八條 香港特別行政區法院的法官，根據當地法官和法律界及其他方面知名人士組成的獨立委員會推薦，由行政長官任命。

第八十九條 香港特別行政區法院的法官只有在無力履行職責或行爲不檢的情況下，行政長官才可根據終審法院首席法官任命的不少於三名當地法官組成的審議庭的建議，予以免職。

香港特別行政區終審法院的首席法官只有在無力履行職責或行爲不檢的情況下，行政長官才可任命不少於五名當地法官組成的審議庭進行審議，並可根據其建議，依照本法規定的程序，予以免職。

第九十條 香港特別行政區終審法院和高等法院的首席法官，應由在外國無居留權的香港特別行政區永久居民中的中國公民擔任。

除本法第八十八條和第八十九條規定的程序外，香港特別行政區終審法院的法官和高等法院首席法官的任命或免職，還須由行政長官徵得立法會同意，並報全國人民代表大會常務委員會備案。

第九十一條 香港特別行政區法官以外的其他司法人員原有的任免制度繼續保持。

第九十二條 香港特別行政區的法官和其他司法人員，應根據其本人的司法和專業才能選用，並可從其他普通法適用地區聘用。

第九十三條 香港特別行政區成立前在香港任職的法官和其他司法人

員均可留用，其年資予以保留，薪金、津貼、福利待遇和服務條件不低於原來的標準。

對退休或符合規定離職的法官和其他司法人員，包括香港特別行政區成立前已退休或離職者，不論其所屬國籍或居住地點，香港特別行政區政府按不低於原來的標準，向他們或其家屬支付應得的退休金、酬金、津貼和福利費。

第九十四條　香港特別行政區政府可參照原在香港實行的辦法，作出有關當地和外來的律師在香港特別行政區工作和執業的規定。

第九十五條　香港特別行政區可與全國其他地區的司法機關通過協商依法進行司法方面的聯繫和相互提供協助。

第九十六條　在中央人民政府協助或授權下，香港特別行政區政府可與外國就司法互助關係作出適當安排。

第五節　區域組織

第九十七條　香港特別行政區可設立非政權性的區域組織，接受香港特別行政區政府就有關地區管理和其他事務的諮詢，或負責提供文化、康樂、環境衛生等服務。

第九十八條　區域組織的職權和組成方法由法律規定。

第六節　公務人員

第九十九條　在香港特別行政區政府各部門任職的公務人員必須是香港特別行政區永久性居民。本法第一百零一條對外籍公務人員另有規定者或法律規定某一職級以下者不在此限。

公務人員必須盡忠職守，對香港特別行政區政府負責。

第一百條　香港特別行政區成立前在香港政府各部門，包括警察部門任職的公務人員均可留用，其年資予以保留，薪金、津貼、福利待遇和服務條件不低於原來的標準。

第一百零一條　香港特別行政區政府可任用原香港公務人員中的或持有香港特別行政區永久性居民身份證的英籍和其他外籍人士擔任政府部

門的各級公務人員，但下列各職級的官員必須由在外國無居留權的香港特別行政區永久性居民中的中國公民擔任：各司司長、副司長，各局局長，廉政專員，審計署署長，警務處處長，入境事務處處長，海關關長。

香港特別行政區政府還可聘請英籍和其他外籍人士擔任政府部門的顧問，必要時並可從香港特別行政區以外聘請合格人員擔任政府部門的專門和技術職務。上述外籍人士只能以個人身份受聘，對香港特別行政區政府負責。

第一百零二條 對退休或符合規定離職的公務人員，包括香港特別行政區成立前退休或符合規定離職的公務人員，不論其所屬國籍或居住地點，香港特別行政區政府按不低於原來的標準向他們或其家屬支付應得的退休金、酬金、津貼和福利費。

第一百零三條 公務人員應根據其本人的資格、經驗和才能予以任用和提升，香港原有關於公務人員的招聘、雇用、考核、紀律、培訓和管理的制度，包括負責公務人員的任用、薪金、服務條件的專門機構，除有關給予外籍人員特權待遇的規定外，予以保留。

第一百零四條 香港特別行政區行政長官、主要官員、行政會議成員、立法會議員、各級法院法官和其他司法人員在就職時必須依法宣誓擁護中華人民共和國香港特別行政區基本法，效忠中華人民共和國香港特別行政區。

第五章　經　濟

第一節　財政、金融、貿易和工商業

第一百零五條 香港特別行政區依法保護私人和法人財產的取得、使用、處置和繼承的權利，以及依法徵用私人和法人財產時被徵用財產的所有人得到補償的權利。

徵用財產的補償應相當於該財產當時的實際價值，可自由兌換，不得無故遲延支付。

企業所有權和外來投資均受法律保護。

第一百零六條　香港特別行政區保持財政獨立。

香港特別行政區的財政收入全部用於自身需要，不上繳中央人民政府。

中央人民政府不在香港特別行政區徵稅。

第一百零七條　香港特別行政區的財政預算以量入爲出爲原則，力求收支平衡，避免赤字，並與本地生產總值的增長率相適應。

第一百零八條　香港特別行政區實行獨立的稅收制度。

香港特別行政區參照原在香港實行的低稅政策，自行立法規定稅種、稅率、稅收寬免和其他稅務事項。

第一百零九條　香港特別行政區政府提供適當的經濟和法律環境，以保持香港的國際金融中心地位。

第一百一十條　香港特別行政區的貨幣金融制度由法律規定。

香港特別行政區政府自行制定貨幣金融政策，保障金融企業和金融市場的經營自由，並依法進行管理和監督。

第一百一十一條　港元爲香港特別行政區法定貨幣，繼續流通。

港幣的發行權屬於香港特別行政區政府。港幣的發行須有百分之百的準備金。港幣的發行制度和準備金制度，由法律規定。

香港特別行政區政府，在確知港幣的發行基礎健全和發行安排符合保持港幣穩定的目的的條下，可授權指定銀行根據法定權限發行或繼續發行港幣。

第一百一十二條　香港特別行政區不實行外匯管制政策。港幣自由兌換，繼續開放外匯、黃金、證券、期貨等市場。

香港特別行政區政府保障資金的流動和進出自由。

第一百一十三條　香港特別行政區的外匯基金，由香港特別行政區政府管理和支配，主要用於調節港元匯價。

第一百一十四條　香港特別行政區保持自由港地位，除法律另有規定

外，不徵收關稅。

第一百一十五條 香港特別行政區實行自由貿易政策，保障貨物、無形財產和資本的流動自由。

第一百一十六條 香港特別行政區為單獨的關稅地區。

香港特別行政區可以「中國香港」的名義參加《關稅和貿易總協定》、關於國際紡織品貿易安排等有關國際組織和國際貿易協定，包括優惠貿易安排。

香港特別行政區所取得的和以前取得仍繼續有效的出口配額、關稅優惠和達成的其他類似安排，全由香港特別行政區享有。

第一百一十七條 香港特別行政區根據當時的產地規則，可對產品簽發產地來源證。

第一百一十八條 香港特別行政區政府提供經濟和法律環境，鼓勵各項投資、技術進步並開發新興產業。

第一百一十九條 香港特別行政區政府制定適當政策，促進和協調製造業、商業、旅遊業、房地產業、運輸業、公用事業、服務性行業、漁農業等各行業的發展，並注意環境保護。

第二節　土地契約

第一百二十條 香港特別行政區成立以前已批出、決定、或續期的超越1997年6月30日年期的所有土地契約和與土地契約有關的一切權利，均按香港特別行政區的法律繼續予以承認和保護。

第一百二十一條 從1985年5月27日至1997年6月30日期間批出的，或原沒有續期權利而獲得續期的，超出1997年6月30日年期而不超過2047年6月30日的一切土地契約，承租人從1997年7月1日起不補地價，但需每年繳納相當於當日該土地應課差餉租值百分之三的租金。此後，隨應課差餉租值的改變而調整租金。

第一百二十二條 原舊批約地段、鄉村屋地、丁屋地和類似農村土地，如該土地在1984年6月30日的承租人，或在該日以後批出的丁屋地承租

人，其父係爲1898年在香港的原有鄉村居民，只要該土地的承租人仍爲該人或其合法父系繼承人，原定租金維持不變。

第一百二十三條　香港特別行政區成立以後滿期而沒有續期權利的土地契約，由香港特別行政區自行制定法律和政策處理。

第三節　航　運

第一百二十四條　香港特別行政區保持原在香港實行的航運經營和管理體制，包括有關海員的管理制度。

香港特別行政區政府自行規定航運方面的具體職能和責任。

第一百二十五條　香港特別行政區經中央人民政府授權繼續進行船舶登記，並根據香港特別行政區的法律以「中國香港」的名義頒發有關證件。

第一百二十六條　除外國軍用船隻進入香港特別行政區須經中央人民政府特別許可外，其他船舶可根據香港特別行政區法律進出其港口。

第一百二十七條　香港特別行政區的私營航運及與航運有關的企業和私營集裝箱碼頭，可繼續自由經營。

第四節　民用航空

第一百二十八條　香港特別行政區政府應提供條件和採取措施，以保持香港的國際和區域航空中心的地位。

第一百二十九條　香港特別行政區繼續實行原在香港實行的民用航空管理制度，並按中央人民政府關於飛機國籍標誌和登記標誌的規定，設置自己的飛機登記冊。

外國國家的航空器進入香港特別行政區須經中央人民政府特別許可。

第一百三十條　香港特別行政區自行負責民用航空的日常業務和技術管理，包括機場管理，在香港特別行政區飛行情報區內提供空中交通服務，和履行國際民用航空組織的區域性航行規劃程序所規定的其他職責。

第一百三十一條　中央人民政府經同香港特別行政區政府磋商作出安

排，爲在香港特別行政區註冊並以香港爲主要營業地的航空公司和中華人民共和國的其他航空公司，提供香港特別行政區和中華人民共和國其他地區之間的往返航班。

第一百三十二條 凡涉及中華人民共和國其他地區同其他國家和地區的往返並經停香港特別行政區的航班，和涉及香港特別行政區同其他國家和地區的往返並經停中華人民共和國其他地區航班的民用航空運輸協定，由中央人民政府簽訂。

中央人民政府在簽訂本條第一款所指民用航空運輸協定時，應考慮香港特別行政區的特殊情況和經濟利益，並同香港特別行政區政府磋商。

中央人民政府在同外國政府商談有關本條第一款所指航班的安排時，香港特別行政區政府的代表可作爲中華人民共和國政府代表團的成員參加。

第一百三十三條 香港特別行政區政府經中央人民政府具體授權可：

㈠續簽或修改原有的民用航空運輸協定和協議；

㈡談判簽訂新的民用航空運輸協定，爲在香港特別行政區註冊並以香港爲主要營業地的航空公司提供航線，以及過境和技術停降權利；

㈢同沒有簽訂民用航空運輸協定的外國或地區談判簽訂臨時協議。

不涉及往返、經停中國內地而只往返、經停香港的定期航班，均由本條所指的民用航空運輸協定或臨時協議予以規定。

第一百三十四條 中央人民政府授權香港特別行政區：

㈠同其他當局商談並簽訂有關執行本法第一百三十三條所指民用航空運輸協定和臨時協議的各項安排；

㈡對在香港特別行政區註冊並以香港爲主要營業地的航空公司簽發執照；

㈢依照本法第一百三十三條所指民用航空運輸協定和臨時協議指定航空公司；

㈣對外國航空公司除往返、經停中國內地的航班以外的其他航班簽

發許可證。

第一百三十五條　香港特別行政區成立前在香港註冊並以香港爲主要營業地的航空公司和與民用航空有關的行業，可繼續經營。

第六章　教育、科學、文化、體育、宗教、勞工和社會服務

第一百三十六條　香港特別行政區政府在原有教育制度的基礎上，自行制定有關教育的發展和改進的政策，包括教育體制和管理、教學語言、經費分配、考試制度、學位制度和承認學歷等政策。

社會團體和私人可依法在香港特別行政區興辦各種教育事業。

第一百三十七條　各類院校均可保留其自主性並享有學術自由，可繼續從香港特別行政區以外招聘教職員和選用教材。宗教組織所辦的學校可繼續提供宗教教育，包括開設宗教課程。

學生享有選擇院校和在香港特別行政區以外求學的自由。

第一百三十八條　香港特別行政區政府自行制定發展中西醫藥和促進醫療衛生服務的政策。社會團體和私人可依法提供各種醫療衛生服務。

第一百三十九條　香港特別行政區政府自行制定科學技術政策，以法律保護科學技術的研究成果、專利和發明創造。

香港特別行政區政府自行確定適用於香港的各類科學、技術標準和規格。

第一百四十條　香港特別行政區政府自行制定文化政策，以法律保護作者在文學藝術創作中所獲得的成果和合法權益。

第一百四十一條　香港特別行政區政府不限制宗教信仰自由，不干預宗教組織的內部事務，不限制與香港特別行政區法律沒有牴觸的宗教活動。

宗教組織依法享有財產的取得、使用、處置、繼承以及接受資助的權利。財產方面的原有權益仍予保持和保護。

　　宗教組織可按原有辦法繼續興辦宗教院校、其他學校、醫院和福利機構以及提供其他社會服務。

　　香港特別行政區的宗教組織和教徒可與其他地方的宗教組織和教徒保持和發展關係。

　　第一百四十二條　香港特別行政區政府在保留原有的專業制度的基礎上，自行制定有關評審各種專業的執業資格的辦法。

　　在香港特別行政區成立前已取得專業和執業資格者，可依據有關規定和專業守則保留原有的資格。

　　香港特別行政區政府繼續承認在特別行政區成立前已承認的專業和專業團體，所承認的專業團體可自行審核和頒授專業資格。

　　香港特別行政區政府可根據社會發展需要並諮詢有關方面的意見，承認新的專業和專業團體。

　　第一百四十三條　香港特別行政區政府自行制定體育政策。民間體育團體可依法繼續存在和發展。

　　第一百四十四條　香港特別行政區政府保持原在香港實行的對教育、醫療衛生、文化、藝術、康樂、體育、社會福利、社會工作等方面的民間團體機構的資助政策。原在香港各資助機構任職的人員均可根據原有制度繼續受聘。

　　第一百四十五條　香港特別行政區政府在原有社會福利制度的基礎上，根據經濟條件和社會需要，自行制定其發展、改進的政策。

　　第一百四十六條　香港特別行政區從事社會服務的志願團體在不牴觸法律的情況下可自行決定其服務方式。

　　第一百四十七條　香港特別行政區自行制定有關勞工的法律和政策。

　　第一百四十八條　香港特別行政區的教育、科學、技術、文化、藝術、體育、專業、醫療衛生、勞工、社會福利、社會工作等方面的民間團體和宗教組織同內地相應的團體和組織的關係，應以互不隸屬、互不干涉和互相尊重的原則為基礎。

第一百四十九條　香港特別行政區的教育、科學、技術、文化、藝術、體育、專業、醫療衛生、勞工、社會福利、社會工作等方面的民間團體和宗教組織可同世界各國、各地區及國際的有關團體和組織保持和發展關係，各該團體和組織可根據需要冠用「中國香港」的名義，參與有關活動。

第七章　對外事務

第一百五十條　香港特別行政區政府的代表，可作為中華人民共和國政府代表團的成員，參加由中央人民政府進行的同香港特別行政區直接有關的外交談判。

第一百五十一條　香港特別行政區可在經濟、貿易、金融、航運、通訊、旅遊、文化、體育等領域以「中國香港」的名義，單獨地同世界各國、各地區及有關國際組織保持和發展關係，簽訂和履行有關協議。

第一百五十二條　對以國家為單位參加的、同香港特別行政區有關的、適當領域的國際組織和國際會議，香港特別行政區政府可派遣代表作為中華人民共和國代表團的成員或以中央人民政府和上述有關國際組織或國際會議允許的身份參加，並以「中國香港」的名義發表意見。

香港特別行政區可以「中國香港」的名義參加不以國家為單位參加的國際組織和國際會議。

對中華人民共和國已參加而香港也以某種形式參加了的國際組織，中央人民政府將採取必要措施使香港特別行政區以適當形式繼續保持在這些組織中的地位。

對中華人民共和國尚未參加而香港已以某種形式參加的國際組織，中央人民政府將根據需要使香港特別行政區以適當形式繼續參加這些組織。

第一百五十三條　中華人民共和國締結的國際協議，中央人民政府可根據香港特別行政區的情況和需要，在徵詢香港特別行政區政府的意見

後，決定是否適用於香港特別行政區。

中華人民共和國尚未參加但已適用於香港的國際協議仍可繼續適用。中央人民政府根據需要授權或協助香港特別行政區政府作出適當安排，使其他有關國際協議適用於香港特別行政區。

第一百五十四條 中央人民政府授權香港特別行政區政府依照法律給持有香港特別行政區永久性居民身份證的中國公民簽發中華人民共和國香港特別行政區護照，給在香港特別行政區的其他合法居留者簽發中華人民共和國香港特別行政區的其他旅行證件。上述護照和證件，前往各國和各地區有效，並載明持有人有返回香港特別行政區的權利。

對世界各國或各地區的人入境、逗留和離境，香港特別行政區政府可實行出入境管制。

第一百五十五條 中央人民政府協助或授權香港特別行政區政府與各國或各地區締結互免簽證協議。

第一百五十六條 香港特別行政區可根據需要在外國設立官方或半官方的經濟和貿易機構，報中央人民政府備案。

第一百五十七條 外國在香港特別行政區設立領事機構或其他官方、半官方機構，須經中央人民政府批准。

已同中華人民共和國建立正式外交關係的國家在香港設立的領事機構和其他官方機構，可予保留。

尚未同中華人民共和國建立正式外交關係的國家在香港設立的領事機構和其他官方機構，可根據情況允許保留或改為半官方機構。

尚未為中華人民共和國承認的國家，只能在香港特別行政區設立民間機構。

第八章　本法的解釋和修改

第一百五十八條 本法的解釋權屬於全國人民代表大會常務委員會。

全國人民代表大會常務委員會授權香港特別行政區法院在審理案件

時對本法關於香港特別行政區自治範圍內的條款自行解釋。

香港特別行政區法院在審理案件時對本法的其他條款也可解釋。但如香港特別行政區法院在審理案件時需要對本法關於中央人民政府管理的事務或中央和香港特別行政區關係的條款進行解釋，而該條款的解釋又影響到案件的判決，在對該案件作出不可上訴的終局判決前，應由香港特別行政區終審法院請全國人民代表大會常務委員會對有關條款作出解釋。如全國人民代表大會常務委員會作出解釋，香港特別行政區法院在引用該條款時，應以全國人民代表大會常務委員會的解釋爲準。但在此以前作出的判決不受影響。

全國人民代表大會常務委員會在對本法進行解釋前，徵詢其所屬的香港特別行政區基本法委員會的意見。

第一百五十九條　本法的修改權屬於全國人民代表大會本法的修改提案權屬於全國人民代表大會常務委員會、國務院和香港特別行政區。香港特別行政區的修改議案，須經香港特別行政區的全國人民代表大會代表三分之二多數、香港特別行政區立法會全體議員三分之二多數和香港特別行政區行政長官同意後，交由香港特別行政區出席全國人民代表大會的代表團向全國人民代表大會提出。

本法的修改議案在列入全國人民代表大會的議程前，先由香港特別行政區基本法委員會研究並提出意見。

本法的任何修改，均不得同中華人民共和國對香港旣定的基本方針政策相牴觸。

第九章　附　則

第一百六十條　香港特別行政區成立時，香港原有法律除由全國人民代表大會常務委員會宣布爲同本法牴觸者外，採用爲香港特別行政區法律，如以後發現有的法律與本法牴觸，可依照本法規定的程序修改或停止生效。

在香港原有法律下有效的文件、證件、契約和權利義務，在不牴觸本法的前提下繼續有效，受香港特別行政區的承認和保護。

附件一　香港特別行政區行政長官的產生辦法

一、行政長官由一個具有廣泛代表性的選舉委員會根據本法選出，由中央人民政府任命。

二、選舉委員會委員共800人，由下列各界人士組成：

工商、金融界	200人
專業界	200人
勞工、社會服務、宗教等界	200人
立法會議員、區域性組織代表、香港地區全國 人大代表、香港地區全國政協委員的代表	
	200人

選舉委員會每屆任期五年。

三、各個界別的劃分，以及每個界別中何種組織可以產生選舉委員的名額，由香港特別行政區根據民主、開放的原則制定選舉法加以規定。

各界別法定團體根據選舉法規定的分配名額和選舉辦法自行選出選舉委員會委員。

選舉委員以個人身份投票。

四、不少於一百名的選舉委員可聯合提名行政長官候選人。每名委員只可提出一名候選人。

五、選舉委員會根據提名的名單，經一人一票無記名投票選出行政長官候任人。具體選舉辦法由選舉法規定。

六、第一任行政長官按照《全國人民代表大會關於香港特別行政區第一屆政府和立法會產生辦法的決定》產生。

七、2007年以後各任行政長官的產生辦法如需修改，須經立法會全

體議員三分之二多數通過，行政長官同意，並報全國人民代表大會常務委員會批准。

附件二　香港特別行政區立法會的產生辦法和表決程序

一、立法會的產生辦法

㈠香港特別行政區立法會議員每屆60人，每一屆立法會按照《全國人民代表大會關於香港特別行政區第一屆政府和立法會產生辦法的決定》產生。第二屆、第三屆立法會的組成如下：

第二屆

功能團體選舉的議員	30人
選舉委員會選舉的議員	6人
分區直接選舉的議員	24人

第三屆

功能團體選舉的議員	30人
分區直接選舉的議員	30人

㈡除第一屆立法會外，上述選舉委員會即本法附件一規定的選舉委員會。上述分區直接選舉的選區劃分、投票辦法，各個功能界別和法定團體的劃分、議員名額的分配、選舉辦法及選舉委員會選舉議員的辦法，由香港特別行政區政府提出並經立法會通過的選舉法加以規定。

二、立法會對法案、議案的表決程序

除本法另有規定外，香港特別行政區立法會對法案和議案的表決採取下列程序：

政府提出的法案，如獲得出席會議的全體議員的過半數票，即爲通過。

立法會議員個人提出的議案、法案和對政府法案的修正案均須分別經功能團體選舉產生的議員和分區直接選舉、選舉委員會選舉產生的議

員兩部分出席會議議員各過半數通過。

三、2007年以後立法會的產生辦法和表決程序

2007年以後香港特別行政區立法會的產生辦法和法案、議案的表決程序，如需對本附件的規定進行修改，須經立法會全體議員三分之二多數通過，行政長官同意，並報全國人民代表大會常務委員會備案。

附件三　在香港特別行政區實施的全國性法律

下列全國性法律，自1997年7月1日起由香港特別行政區在當地公布或立法實施。

一、《關於中華人民共和國國都、紀年、國歌、國旗的決議》

二、《關於中華人民共和國國慶日的決議》

三、《中央人民政府公布中華人民共和國國徽的命令》

　　附：國徽圖案、說明、使用辦法

四、《中華人民共和國政府關於領海的聲明》

五、《中華人民共和國國籍法》

六、《中華人民共和國外交特權與豁免條例》

四、港澳關係條例草案

八十三年九月二十六日陸委會委員會議修正通過

第一章　總則

第一條　國家統一前，爲因應香港地區與澳門地區於英國與葡萄牙分別結束其治理後之特殊情況，並爲規範及促進與香港地區及澳門地區之經貿、文化及其他關係，以共同追求民主、自由、安定與繁榮，特制定本條例。

　　本條例未規定者，適用其他有關法令之規定。但臺灣地區與大陸地區人民關係條例，除本條例有明文規定者外，不適用之。

第二條　本條例所稱香港地區，指原由英國治理之香港島、九龍半島、新界及其附屬部分。

　　本條例所稱澳門地區，指原由葡萄牙治理之澳門半島、氹仔島、路環島及其附屬部分。

第三條　本條例所稱臺灣地區及臺灣地區人民，依台灣地區與大陸地區人民關係條例之規定。

第四條　本條例所稱香港地區人民，指具有香港地區永久居留資格，且未持有英國國民（海外）護照或香港地區護照以外之旅行證照者。

　　本條例所稱澳門地區人民，指具有澳門地區永久居留資格，且未持有澳門地區護照以外之旅行證照或雖持有葡萄牙護照但係於葡萄牙結束治理前於澳門取得者。

　　前二項香港地區或澳門地區人民，如於香港地區或澳門地區分別於英國及葡萄牙結束其治理前，取得華僑身分者及其符合中華民國國籍取得要件之配偶及子女，得予特別優惠，以維護其權益。

第五條　本條例所稱主管機關爲行政院大陸委員會。

第二章　行政

第六條　臺灣地區人民進入香港地區或澳門地區，依一般之出境規定辦理；其經由香港地區或澳門地區進入大陸地區者，仍應適用臺灣地區與大陸地區人民關係條例相關之規定。

第七條　香港地區或澳門地區人民，經許可得進入臺灣地區。

前項許可辦法，由內政部擬訂，經主管機關委員會議議決，報請行政院核定後發布之。

第八條　香港地區或澳門地區人民得申請在臺灣地區居留或定居；其辦法由內政部擬訂，經主管機關委員會議議決，報請行政院核定後發布之。

第九條　香港地區或澳門地區人民在臺灣地區工作，準用就業服務法第五章至第七章有關外國人聘僱、管理及處罰之規定。

第四條第三項之香港地區或澳門地區人民，在臺灣地區工作得予特別規定；其辦法由行政院勞工委員會會同有關機關擬訂，經主管機關委員會議議決，報請行政院核定後發布之。（條文暫定）

第十條　香港地區或澳門地區人民來臺灣地區就學，其辦法由教育部擬訂，經主管機關委員會議議決，報請行政院核定後發布之。

第十一條　進入臺灣地區之香港地區或澳門地區人民，有左列情形之一者，治安機關得逕行強制出境。但其所涉案件已進入司法程序者，應先經司法機關之同意。

一、未無許可入境者。

二、經許可入境，已逾停留期限者。

三、從事與許可目的不符之活動者。

四、有事實足認為有犯罪行為者。

五、有事實足認為有危害國家安全或社會安定之虞者。

前項香港地區或澳門地區人民，於強制出境前，得暫予收容，並得

令其從事勞務。

前二項規定，於本條例施行前進入臺灣地區之香港地區或澳門地區人民，適用之。

第一項之強制出境處理辦法及第二項收容處所之設置及管理辦法，由內政部擬訂，經主管機關委員會議議決，報請行政院核定後發布之。

第十二條　臺灣地區人民有左列情形之一者，應負擔強制出境所需之費用：

一、使香港地區或澳門地區人民非法進入臺灣地區者。

二、非法僱用香港地區或澳門地區人民工作者。

前項費用，有數人應負擔者，應負連帶責任。

第一項費用，由強制出境機關檢具單據及計算書，通知應負擔人限期繳納；逾期不繳納者，移送法院強制執行。

第十三條　香港地區及澳門地區人民經許可進入臺灣地區者，非在臺灣地區設有戶籍滿十年，不得登記為公職候選人、擔任軍職及組織政黨。但其他法律另有規定者，從其規定。

第四條第三項之香港地區及澳門地區人民經許可進入臺灣地區者，非在臺灣地區設有戶籍滿二年，不得登記為公職候選人、擔任軍職及組織政黨。但其他法律另有規定者，從其規定。

第十四條　對於因政治上之緊急情況而致安全及自由受有危害之香港地區或澳門地區人民，得提供必要之援助。

第十五條　駐香港地區或澳門地區機構在當地僱用之人員，受僱達相當期間者，其入境、居留、就業之規定，均比照臺灣地區人民辦理；其父母、配偶、未成年子女與配偶之父母隨同申請來臺時，亦同。

前項機構、僱用人員及僱用期間之認定辦法，由主管機關擬訂，報請行政院核定後發布之。

第十六條　香港地區或澳門地區學歷之檢覆及採認辦法，由教育擬訂，經主管機關委員會議議決，報請行政院核定後發布之。

前項學歷，於英國及葡萄牙分別結束其治理前取得者，按本條例施行前之規定辦理。

第十七條 香港地區或澳門地區人民應專門職業及技術人員考試，其考試辦法由考試院定之。

前項考試，如以檢覆資格，於英國及葡萄牙分別結束其治理前取得者，按本條例施行前之規定辦理。

第十八條 臺灣地區人民有香港地區或澳門地區來源所得者，其香港地區或澳門地區來源所得，免納所得稅。

臺灣地區法人、團體或其他機構有香港地區或澳門地區來源所得者，應併同臺灣地區來源所得課徵所得稅。但其在香港地區或澳門地區已繳納之稅額，得併同其國外所得依所得來源國稅法已繳納之所得稅額，自其全部應納稅額中扣抵。

前項扣抵之數額，不得超過因加計其香港地區或澳門地區所得及其國外所得，而依其適用稅率計算增加之應納稅額。

第十九條 香港地區或澳門地區人民有臺灣地區來源所得者，應就其臺灣地區來源所得，依所得稅法規定課徵所得稅。

香港地區或澳門地區法人、團體或其他機構有臺灣地區來源所得者，應就其臺灣地區來源所得比照機構在中華民國境外之營利事業，依所得稅法規定課徵所得稅。

第二十條 中華民國船舶得航行至香港地區或澳門地區。但基於船舶或所載客貨之安全，交通部得予以必要之限制或禁止。

香港地區或澳門地區船舶得依法令規定航行至臺灣地區。但有左列情形之一者，交通部得予以必要之限制或禁止：

一、有危害臺灣地區安全或公共秩序之虞者。

二、香港地區或澳門地區對中華民國船舶採取不利措施。

三、經查明船舶為大陸地區人民、法人、團體或其他機構所租用、投資或經營者。

第二十一條　外國船舶得依法令規定航行於臺灣地區與香港地區或澳門地區間。但非經許可，不得經營臺灣地區與香港地區或澳門地區間之客貨運送業務。

前項許可辦法，由交通部擬訂，經主管機關委員會議議決，報請行政院核定後發布之。

第二十二條　在中華民國、香港地區或澳門地區登記之民用航空器，經交通部許可得於臺灣地區與香港地區或澳門地區間飛航。但基於情勢變更，有危及臺灣地區安全之虞或其他重大原因，交通部得予必要之限制或禁止。

在香港地區或澳門地區登記之民用航空器違反法令規定進入臺北飛航情報區限制進入之區域，執行空防任務機關得警告驅離、強制降落或採取其他必要措施。

第二十三條　在外國登記之民用航空器，得依交換航權並參照國際公約於臺灣地區與香港地區或澳門地區間飛航。

前項民用航空器違反法令規定進入臺北飛航情報區限制進入之區域，執行空防任務機關得警告驅離、強制降落或採取其他必要措施。

第二十四條　臺灣地區人民、法人、團體或其他機構在香港地區或澳門地區從事投資或技術合作，應向經濟部或有關機關申請許可或備查；其辦法由經濟部會同有關機關擬訂，經主管機關委員會議議決，報請行政院核定後發布之。

第二十五條　香港地區或澳門地區人民、法人、團體或其他機構在臺灣地區之投資，準用外國人投資條例；第四條第三項之香港地區或澳門地區人民在臺灣地區之投資，準用華僑回國投資條例。

前項人民、法人、團體或其他機構之專門技術或專利權不作爲股本而合作者，準用技術合作條例。

第一項之投資如係經證券主管機關核准投資證券者，除其投資範圍及結匯辦法依證券交易法規定辦理外，仍分別準用外國人投資條例及華

僑回國投資條例。

第二十六條 臺灣地區金融保險機構，經許可者，得在香港地區或澳門地區設立分支機構或子公司；其辦法由財政部擬訂，經主管機關委員會議議決，報請行政院核定後發布之。

第二十七條 香港地區或澳門地區發行幣券在臺灣地區之管理，得於其維持十足發行準備及自由兌換之條件下，準用管理外匯條例之有關規定。

香港地區或澳門地區幣券不符合前項條件，或有其他重大情事，足認對於臺灣地區之金融穩定或其他金融政策有重大影響之虞者，得由中央銀行會同財政部限制或禁止其進出入臺灣地區及在臺灣地區買賣、兌換及其他交易行爲。但於進入臺灣地區時自動向海關申報者，准予攜出。（條文暫定）

第二十八條 港澳資金之進出臺灣地區，於維持金融市場或外匯市場穩定之必要時，得訂定辦法管理、限制或禁止之；其辦法由中央銀行會同其他有關機關擬訂，經主管機關委員會議議決，報請行政院核定後發布之。

第二十九條 香港地區或澳門地區出版品、電影片、錄影節目及廣播電視節目經許可得進入臺灣地區或在臺灣地區發行、製作、播映；其辦法由行政院新聞局擬訂，經主管機關委員會議議決，報請行政院核定後發布之。

第三十條 臺灣地區與香港地區或澳門地區貿易，得以直接方式爲之。但因情勢變更致影響臺灣地區重大利益時，得由經濟部會同主管機關予以必要之限制。

輸入或攜帶進入臺灣地區之香港地區或澳門地區物品，以進口論；其檢驗、檢疫、管理、關稅等稅捐之徵收及處理等，依輸入物品有關法令之規定辦理。

輸往香港地區或澳門地區之物品，以出口論；依輸出物品有關法令

之規定辦理。

第三十一條　來自香港地區或澳門地區貨品，原產地之認定，於必要時，由財政部會同經濟部擬訂辦法，經主管機關委員會議議決，報請行政院核定後發布之。

第三十二條　香港地區或澳門地區人民或法人之著作，合於左列情形之一者，在臺灣地區得依著作權法享有著作權：

一、於臺灣地區首次發行，或於臺灣地區外首次發行後三十日內在臺灣地區發行者。但以香港地區或澳門地區對臺灣地區人民或法人之著作，在相同情形下，亦予保護且經查證屬實者爲限。

二、依條約、協定、協議或香港地區、澳門地區之法令或慣例，臺灣地區人民或法人之著作得在香港地區或澳門地區享有著作權者。

第三十三條　香港地區或澳門地區人民、法人、團體或其他機構在臺灣地區申請專利、商標或其他工業財產權之註冊或相關程序時，有左列情形之一者，應予受理：

一、香港地區或澳門地區與臺灣地區共同參加保護專利、商標或其他工業財產權之國際條約或協定。

二、香港地區或澳門地區與臺灣地區簽訂雙邊相互保護專利、商標或其他工業財產權之協議或由團體、機構互訂經主管機關核准之保護專利、商標或其他工業財產權之協議。

三、香港地區或澳門地區對臺灣地區人民、法人、團體或其他機構申請專利、商標或其他工業財產權之註冊或相關程序之以受理時。

香港地區或澳門地區對臺灣地區人民、法人、團體或其他機構申請專利、商標或其他工業財產權之註冊申請承認優先權時，香港地區或澳門地區人民、法人、團體或其他機構於香港地區或澳門地區爲首次申請之翌日起十二個月內向經濟部申請者，得主張優先權。

前項所定期間，於新式樣專利案或商標註冊案爲六個月。

第三章　民事

　　第三十四條　民事事件，涉及香港地區或澳門地區者，準用涉外民事法律適用法以定其應適用之法律。但其事件另涉及大陸地區者，視其法律關係與大陸地區之關聯程度，決定應適用本條或臺灣地區與大陸地區人民關係條例第四十一條至第六十三條以定其應適用之法律。

　　第三十五條　未經許可之香港地區或澳門地區法人、團體或其他機構，不得在臺灣地區爲法律行爲。

　　第三十六條　未經許可之香港地區或澳門地區法人、團體或其他機構以其名義在臺灣地區與他人爲法律行爲者，其行爲人就該法律行爲，應與該香港地區或澳門地區法人、團體或其他機構，負連帶責任。

　　第三十七條　香港地區或澳門地區之公司組織，在臺灣地區營業，準用公司法有關外國公司之規定。

　　前項公司組織，如大陸地區人民、法人、團體或其他機構，持有其資本達百分之二十以上或參與達實質控制之程度者，得不予認許。經認許者，得撤銷之。

　　第三十八條　在香港地區或澳門地區作成之民事確定裁判，其效力及得爲強制執行之要件，準用民事訴訟法第四百零二條及強制執行法第四十三條之規定。

　　在香港地區或澳門地區作成之民事仲裁判斷，其效力、聲請法院承認及停止執行，準用商務仲裁條例第三十條至第三十四條之規定。

第四章　刑事

　　第三十九條　在香港地區或澳門地區或在其船艦、航空器內，犯左列之罪者，適用刑法之規定：

　　一、刑法第五條各款所列之罪。

　　二、臺灣地區公務員犯刑法第六條各款所列之罪者。

三、臺灣地區人民或對於臺灣地區人民，犯前二款以外之罪，而其最輕本刑爲三年以上有期徒刑者。但依香港地區或澳門地區之法律不罰者，不在此限。

香港地區或澳門地區人民在外國地區犯刑法第五條各款所列之罪者；或對於臺灣地區人民犯前項第一款、第二款以外之罪，而其最輕本刑爲三年以上有期徒刑，且非該外國地區法律所不罰者，亦同。

第四十條　同一行爲在香港地區或澳門地區已經裁判確定者，仍得依法處斷。但在香港地區或澳門地區已受刑之全部或一部執行者，得免其刑之全部或一部之執行。

第四十一條　香港地區或澳門地區人民在臺灣地區以外之地區，犯內亂罪、外患罪，經許可進入臺灣地區，而於申請時據實申報者，免予追訴、處罰；其進入臺灣地區參加中央機關核准舉辦之會議或活動，經專案許可免予申報者，亦同。

第四十二條　香港地區或澳門地區人民及依第三十五條或第三十七條許可或認許之法人、團體或其他機構，其權利在臺灣地區受侵害者，享有告訴或自訴之權利。

未經許可或認許之香港地區或澳門地區法人、團體或其他機構，就前項權利之享有，以臺灣地區法人、團體或其他機構在香港地區或澳門地區享有同等權利者爲限。

第五章　罰則

第四十三條　使香港地區或澳門地區人民非法進入臺灣地區者，處五年以下有期徒刑、拘役或科或併科新臺幣五十萬元以下罰金。

意圖營利而犯前項之罪者，處一年以上七年年以下有期徒刑、得併科新臺幣一百萬元以下罰金。

前二項之未遂犯罰之。

第四十四條　中華民國船舶之所有人、營運人或船長、駕駛人違反第

二十條第一項所爲限制或禁止之命令者，處新臺幣一百萬元以上一千萬元以下罰鍰，並得處該船舶一定期間停航，或註銷、撤銷其有關證照，及停止或撤銷該船長或駕駛人之執業證照或資格。

香港地區或澳門地區船舶之所有人、營運人或船長、駕駛人違反第二十條第二項所爲限制或禁止之命令者，處新臺幣一百萬元以上一千萬元以下罰鍰。

外國船舶違反第二十一條第一項之許可規定者，處新臺幣三萬元以上三十萬元以下罰鍰，並得定期禁止在中華民國各港口裝卸客貨或入出港。

第四十五條　在中華民國登記之民用航空器所有人、使用人或機長、駕駛員違反第二十二條第一項之許可或所爲限制或禁止之命令者，處新臺幣一百萬元以上一千萬元以下罰鍰，並得處該民用航空器一定期間停航，或註銷、撤銷其有關證書，及停止或撤銷該機長或駕駛員之執業證書。

在香港地區或澳門地區登記之民用航空器所有人、使用人或機長、駕駛員違反第二十二條第一項之許可或所爲限制或禁止之命令者，處新臺幣一百萬元以上一千萬元以下罰鍰。

第四十六條　違反第二十四條許可規定從事投資或技術合作者，處新臺幣十萬元以上五十萬元以下罰鍰，並得命其於一定期限內停止投資或技術合作；逾期不停止者，得連續處罰。

第四十七條　違反第二十六條規定者，處新臺幣三百萬元以上一千五百萬元以下罰鍰，並得命其於一定期限內停止設立行爲；逾期不停止者，得連續處罰。

第四十八條　違反第二十七條第二項所爲之限制或禁止進出入臺灣地區之命令者，其未經申報之幣券由海關沒入。

違反第二十七條第二項所爲之限制或禁止在臺灣地區買賣、兌換或其他交易行爲之命令者，其幣券及價金沒入之。中央銀行指定辦理外匯

業務之銀行或機構違反者，並得由中央銀行按其情節輕重，停止其一定期間經營全部或一部外匯之業務。（條文暫定）

第四十九條　違反第二十八條所爲之限制或禁止命令者，處新臺幣三百萬元以上一千五百萬元以下罰鍰。中央銀行指定辦理外匯業務之銀行違反者，並得由中央銀行按其情節輕重，停止其一定期間經營全部或一部外匯之業務。

第五十條　違反第二十九條規定者，處新臺幣四萬元以上二十萬元以下罰鍰。

前項出版品、電影片、錄影節目或廣播電視節目、不問屬於何人所有，沒入之。

第五十一條　本條例所定罰鍰，由各有關機關處罰；經通知繳納逾期不繳納者，移送法院強制執行。

第六章　附則

第五十二條　臺灣地區與香港地區或澳門地區司法之相互協助，得依互惠原則處理。

第五十三條　臺灣地區與大陸地區直接通信、通航或通商前，得視香港地區或澳門地區爲第三地。

第五十四條　香港地區或澳門地區人民，就入境及其他依法律規定應經許可事項，於本條例施行前已取得許可者，本條例施行後，除該許可所依據之法規或事實發生變更或其他依法應撤銷者外，許可機關不得撤銷其許可或變更許可內容。（條文暫定）

第五十五條　各有關機關依本條例規定受理申請許可、核發證照，得收取審查費、證照費；其收費標準由各有關機關定之。

第五十六條　本條例施行後，香港地區或澳門地區情況發生變化，致本條例之施行有危害臺灣地區安全之虞時，行政院得決定停止本條例一部或全部之適用，但應即將其決定附具理由送請立法院追認，如立法院

不同意時，該決定立即失效。

　　本條例停止適用之部分，如未另定法律規範，與香港地區或澳門地區之關係，適用臺灣地區與大陸地區人民關係條例相關規定。

　　第五十七條　本條例施行細則，由行政院定之。

　　第五十八條　本條例施行日期，由行政院定之。但行政院得就不同情況分別定其施行日期。

大雅叢刊書目

定型化契約論文專輯	劉宗榮 著
海上運送與貨物保險論文選輯	
——附定型化契約條款效力評釋六則	劉宗榮 著
勤工儉學的發展	陳三井 著
劫機之防制與立法	洪德旋 著
親屬法論文集	戴東雄 著
中共外交的理論與實踐	石之瑜 著
近代中法關係史論	陳三井 著
春秋要領	程發軔編著
婚姻研究	朱岑樓 著
農復會與臺灣經驗（1947～1979）	黃俊傑 著
中國農村復興聯合委員會史料彙編	黃俊傑 編
瑞士新國際私法之研究	劉鐵錚等著
論中蘇共關係正常化（1979～1989）	蘇起 著
辛亥革命史論	張玉法 著
過失犯論	廖正豪 著
行政救濟與行政法學（一）	蔡志方 著
行政救濟與行政法學（二）	蔡志方 著
中共法制理論解析	
——關於「中國特色」之論爭	石之瑜 著
電視新聞神話的解讀	梁欣如 著
中國式資本主義	
——臺灣邁向市場經濟之路	魏萼 著
臺灣經濟策論	邢慕寰 著
當代美國政治論衡	王國璋 著
泛敘利亞主義	
——歷史與政治之分析	朱張碧珠 著
營業秘密的保護	
——公平法與智產法系列（二）	徐玉玲 著
虛偽不實廣告與公平交易法	
——公平法與智產法系列（三）	朱鈺祥 著
商標授權論	
——公平法與智產法系列（四）	李鎂 著
仿冒行為之案例研究	
——公平法與智產法系列（五）	張瑜鳳 著

新聞客觀性原理　　　　　　　　　　　　　　　彭家發　著
發展的陣痛——兩岸社會問題的比較　　　　　　蔡文輝　著
尋找資訊社會　　　　　　　　　　　　　　　　汪琪　著
文學與藝術八論　　　　　　　　　　　　　　　劉紀蕙　著

法學叢書書目

程序法之研究（一）　　　　　　　　　　　　　陳計男　著
程序法之研究（二）　　　　　　　　　　　　　陳計男　著
財產法專題研究　　　　　　　　　　　　　　　陳哲勝　著

圖書資訊學叢書書目

美國國會圖書館主題編目　　　　　　　陳麥麟屏、林國強　著
圖書資訊組織原理　　　　　　　　　　　　　　何光國　著
圖書資訊學導論　　　　　　　　　　　　　　　周寧森　著
文獻計量學導論　　　　　　　　　　　　　　　何光國　著
圖書館館際合作與資訊網之建設　　　　　　　　林孟真　著
圖書館與當代資訊科技　　　　　　　　景懿頻、楊宗英、李燦傳　著
圖書館之管理與組織　　　　　　　　　　　　　李華偉　著
圖書資訊之儲存與檢索　　　　　　　　　　　　張庭國　著
資訊政策　　　　　　　　　　　　　　　　　　張鼎鍾　著
圖書資訊學專業教育　　　　　　　　　　　　　沈寶環　著
法律圖書館　　　　　　　　　　　　　　　　　夏道泰　著

教育叢書書目

西洋教育思想史　　　　　　　　林玉体　　臺灣師大　　已出版
西洋教育史　　　　　　　　　　林玉体　　臺灣師大　　撰稿中
教育社會學　　　　　　　　　　宋明順　　臺灣師大　　撰稿中
課程發展　　　　　　　　　　　梁恒正　　臺灣師大　　撰稿中
教育哲學　　　　　　　　　　　楊深坑　　臺灣師大　　撰稿中
電腦補助教學　　　　　　　　　邱貴發　　臺灣師大　　撰稿中
教材教法　　　　　　　　　　　張新仁　　高雄師大　　撰稿中
教育評鑑　　　　　　　　　　　秦夢群　　政治大學　　撰稿中

中國現代史叢書書目

中國托派史　　　　　　　　　　　　唐寶林　著　　北京社科院　　已出版
學潮與戰後中國政治(1945～1949)　廖風德　著　　政治大學　　已出版
歷史地理學與中國現代化　　　　　　彭明輝　著　　政治大學　　排印中
商會與中國早期現代化　　　　　　　虞和平　著　　北京社科院　　排印中